Nombres de persona en español /
Personennamen im Spanischen

Bibliografische Information der Deutschen Nationalbibliothek
Die Deutsche Nationalbibliothek verzeichnet diese Publikation
in der Deutschen Nationalbibliografie; detaillierte bibliografische
Daten sind im Internet über http://dnb.d-nb.de abrufbar.

ISBN 978-3-631-73399-8 (Print)
E-ISBN 978-3-631-73400-1 (E-PDF)
E-ISBN 978-3-631-73401-8 (EPUB)
E-ISBN 978-3-631-73402-5 (MOBI)
DOI 10.3726/b11740

© Peter Lang GmbH
Internationaler Verlag der Wissenschaften
Berlin 2018
Alle Rechte vorbehalten.

Peter Lang – Berlin · Bern · Bruxelles · New York · Oxford · Warszawa · Wien

Lidia Becker

Nombres de persona en español / Personennamen im Spanischen

Historia, situación actual y onomástica popular / Geschichte, aktuelle Situation und Laienonomastik

PETER LANG

Índice

A mi maestro Dieter Kremer

1. Introducción

1.1. Aspectos terminológicos

Bajo el término «antropónimos hispánicos», o bien, antropónimos en español[1], puede entenderse, en el sentido más amplio, el conjunto de todos los nombres personales en los países y regiones de habla española. Asimismo, pueden incluirse, además de los 21 estados que tienen el español como lengua única o cooficial[2], las zonas donde el español se habla minoritariamente por razones históricas aunque ya no se considere oficial.[3] Desde esta perspectiva, pueden clasificarse como «hispánicos» nombres personales como *Hipólito Yrigoyen* (presidente de Argentina de 1916 a 1922 y de 1928 a 1930, con un apellido de origen vasco) u *Ollanta Moisés Humala Tasso* (presidente de Perú de 2011 a 2016, con nombre de pila y apellido paterno de origen quechua y apellido materno de origen italiano).

En sentido estricto, los antropónimos «hispánicos» corresponden a nombres personales de etimología española, es decir, nombres formados a partir del material léxico y por medio de las reglas de la morfología nominal de las variedades (estándares) del español.

El presente estudio se limita a una sinopsis diacrónica y sincrónica de los nombres y apellidos más frecuentes en las regiones monolingües de habla castellana de España[4], así como en algunos países hispanoamericanos, principalmente México y Argentina. El término «nombres de pila» o «prenombres» se refiere a los nombres individuales asignados tras el nacimiento, mientras que «apellidos» se refiere a los nombres personales heredados. Los términos «onimia» y «antroponimia» se refieren al conjunto de los nombres personales existentes, mientras

---

1   A pesar de que la denominación «antropónimos hispánicos» para los nombres personales en España e Hispanoamérica conlleva el peligro de confusión con los nombres personales en Hispania, es decir, en la península ibérica en la Antigüedad (el gentilicio «hispano» también se utiliza en este contexto), se utilizará en el presente trabajo por ser «hispánico» el único gentilicio disponible.

2   Guinea Ecuatorial, Argentina, Bolivia, Chile, Costa Rica, República Dominicana, Ecuador, El Salvador, Guatemala, Honduras, Colombia, Cuba, México, Nicaragua, Panamá, Paraguay, Perú, Puerto Rico, España, Uruguay y Venezuela (véase Sinner 2013).

3   Cf. nombres hispánicos en Filipinas: «Todos los cálculos apuntan a que entre el 89 % y el 95 % de los apellidos filipinos son de origen español» (Quilis / Casado Fresnillo 2008: 487, nota 1).

4   Los nombres personales de las regiones autónomas bilingües o plurilingües de Galicia, Cataluña y País Vasco merecen una puntualización específica.

que «onomástica» y «antroponomástica» corresponden a la ciencia que estudia los nombres propios o personales.

En la presente sinopsis se tratarán especialmente los siguientes aspectos relacionados con el estado actual de la investigación: evolución del sistema y del repertorio antroponímicos desde tiempos prerromanos, composición etimológica y semántica del repertorio antroponímico, formación morfológica, legislación y políticas lingüísticas, datos estadísticos, motivación de los nombramientos y onomástica popular o discurso metaonímico popular.

1.2. Estado actual de la investigación

En el ámbito de la antroponomástica hispánica, lo que más se ha investigado hasta ahora han sido las cuestiones histórico-lexicológicas. Los principales ejes cronológicos recaen en las épocas de la Antigüedad y la Edad Media. El interés de los lingüistas por la historia temprana de los antropónimos hispánicos se explica, principalmente, por la disponibilidad de vestigios lingüísticos —predominantemente en los nombres personales— de muchos de los pueblos que residieron en la península ibérica (tártaros, íberos, celtas, celtíberos, visigodos, suevos, etc.). Los nombres personales medievales, presentes en mayor número en las referencias documentales en latín medieval, proporcionan asimismo información sobre la historia de los idiomas iberorrománicos, utilizados cientos de años antes de la transmisión vernácula en el siglo XIII (véase Becker 2008).

Una serie de investigaciones monográficas, libros y glosarios de nombres analizan la evolución y la composición etimológica del repertorio de nombres personales hispánicos desde los primeros testimonios escritos hasta la Baja Edad Media: *La onomástica personal primitiva de Hispania Tarraconense y Bética* (Albertos Firmat 1966), *Antroponimia indígena de la Lusitania romana* (Vallejo Ruiz 2005), *Elementos de un atlas antroponímico de la Hispania antigua* (Untermann 1965), *Monumenta Linguarum Hispanicarum* (Untermann 1990, Untermann 1997, Wodtko 2000)[5], *Los nombres personales en las inscripciones latinas de Hispania* (Abascal Palazón 1994), *Die griechischen Personennamen auf der Iberischen Halbinsel* (Lozano Velilla 1998), *Die germanischen Personennamen in Katalonien. Namensammlung und Etymologisches* (Kremer 1969–1972), *Hispano-gotisches Namenbuch* (Piel / Kremer 1976),

---

5 Los tres volúmenes mencionados de la serie *Monumenta* tratan las inscripciones ibéricas, celtibéricas, tartésicas y lusitanas de la península ibérica desde la perspectiva lingüística, en la cual una gran parte del correspondiente corpus lingüístico consta de nombres personales.

Hispano-romanisches Namenbuch (Becker 2009a), *Apellidos castellano-leone-*
ses (siglos IX–XIII, ambos inclusive) (Diez Melcón 1957), *Bemerkungen zu den*
mittelalterlichen hispanischen cognomina (Kremer 1970–1982), *La onomástica*
asturiana bajomedieval (Viejo Fernández 1998), *La onomástica de los moriscos*
valencianos (Labarta 1987). De acuerdo con la especificidad de los testimonios
escritos históricos, en las fuentes secundarias citadas se analizan, principalmente, nombres pertenecientes a las clases altas y nombres masculinos.

Las investigaciones monográficas sobre la historia de los nombres personales
hispánicos desde la Edad Moderna son, en cambio, escasas. Pueden citarse los
siguientes estudios: *Antroponimia madrileña del siglo XVII. Historia y documen-*
tación (García Gallarín et al. 1997), *Zur modernen spanischen Vornamengebung:*
Die Vornamen in Salamanca von 1900 bis 1987 (Homge 1988), *Gesellschaftliche*
Veränderungen im Spiegel der Namengebung: Eine empirische Untersuchung an-
hand spanischer Vornamen in der Stadt Jávea (Grünwald 1994) y *Namengebung*
und Namenverhalten im Spanien der 70er Jahre (Hafner 2004).

Los diccionarios de nombres y apellidos actuales conforman otro tipo de
fuentes en el ámbito de la antroponomástica hispánica. Cabe citar las siguientes
obras de consulta sobre nombres de pila: *Diccionario etimológico comparado de*
nombres propios de persona (Tibón 1986), *Los nombres de pila españoles* (García
Gallarín 1998), *Diccionario de nombres propios* (Faure 2002), *Diccionario histó-*
rico de nombres de América y España. Estudio preliminar (García Gallarín 2014).
Los apellidos se tratan en los siguientes diccionarios: *Onomástica hispanoame-*
ricana. Índice de siete mil nombres y apellidos castellanos, vascos, árabes, judíos,
italianos, indoamericanos, etc. y un índice toponomástico (Tibón 1961) y *Diccio-*
nario de apellidos españoles (Faure et al. 2001). No obstante, los análisis etimoló-
gico-históricos en los diccionarios citados no cumplen los requisitos científicos
(véase Kremer 2004: 10–16).

En el marco del proyecto internacional *Patronymica Romanica* (véase Kremer 2002), se desarrollan los criterios más fiables hasta el momento para el
análisis etimológico-histórico de los materiales antroponómicos sincrónicos y
diacrónicos, los cuales se utilizaron en los primeros volúmenes del *Dictionnaire*
historique de l'anthroponymie romane (Cano et al. 2004 y 2015). En esta obra de
consulta también se tratan los nombres y apellidos de la península ibérica que
pertenecen a las categorías semánticas oportunas.

Hasta el momento, las especificidades de las variedades lingüísticas de los nombres personales en los países de habla hispana en la era moderna han sido muy
poco investigadas. En cuanto a las regiones de España, cabe mencionar, por ejemplo, los estudios sobre nombres personales en Aragón de Buesa Oliver 1989 y 2002,

y de Buesa Oliver / Lagüéns Gracia 1993, 1995 y 1998; sobre apodos e hipocorísticos en Fuerteventura de Morera Pérez 1991, sobre nombres personales en Navarra (en los siglos XVI–XVIII) de Zabalza 2008a y 2008b y sobre sobrenombres en Cantabria de Fernández Juncal 2000.[6] Sobre los nombres de pila en territorios no europeos existen las siguientes monografías: *Un siglo de nombres de pila en Tlalnepantla de Baz* (López Franco 2010) y *Nombres propios de persona en la República Dominicana* (Alba 2013). El cuadro sinóptico que aparece a continuación recoge, en orden cronológico, algunas de las pocas aportaciones a la antroponimia, en especial a los nombres de pila, en distintos países de América Latina:

Tabla 1: aportaciones a la antroponimia en algunos países de Hispanoamérica.

México	Colombia	Argentina	República Dominicana	Cuba	Puerto Rico
Boyd-Bowman 1970 Alcalá Alba 1986 López Franco 1990 Baez Pinal et al. 1993 Baez Pinal et al. 1994 Jiménez Segura 2005 Mateos 2010 Jiménez Segura 2014	Mora Monroy 1976 Urawa 1985	Mori 1985 Díaz de Martínez 2003 Zamborain s. a. a, s. a. b y s. a. c	Rincón González 2002	Camacho Barreiro 2003 Zeuske 2011	Álvarez Nazario 1967 Fayer 1988

Se conoce muy poco sobre los apellidos en Hispanoamérica. Pueden encontrarse referencias provechosas a la historia de diferentes apellidos en estudios de carácter genealógico (por ejemplo, Bustos Argañarás 2014); no obstante, estas carecen de rigor científico.

Los tratados científicos sobre nombres personales indígenas constituyen una rareza, véanse: *Antropónimos de Canarias* (Álvarez Delgado 1956), *Cambio y evolución de la antroponimia náhuatl* (Horcasitas 1973), *Antroponimia náhuatl en los antiguos mexicanos. Génesis y pervivencia* (Aguilar Salas 1988), ¿*Nombres o*

---

6   En cambio, las publicaciones de la Academia de l'Aragonés (véase Academia de l'Aragonés 2014) no cuentan con ningún fundamento científico.

apellidos? El sistema nominativo aymara. Sacaca, Siglo XVII (Medinaceli 2003) y *Topónimos y antropónimos mayas en documentos coloniales del siglo XVII* (Mora Peralta 2008).

Algunos estudios nuevos tratan sobre determinados aspectos relacionados con la confluencia de onomástica y lingüística migratoria, como Rossebastiano / Tonda 2012 y Cacia 2012 acerca de los nombres personales de los migrantes italianos en Argentina, o García Gallarín 2007c acerca de los nombres personales de migrantes en Madrid. Hatolong Boho 2014 aborda los nombres «hispánicos» en los paisajes lingüísticos (*linguistic landscapes*) de Camerún.

Además de los nombres personales oficiales, los hipocorísticos constituyen una particularidad de los nombres hispánicos y se han estudiado en repetidas ocasiones, p. ej. por Boyd-Bowman 1955, Urawa 1985, Morera Pérez 1991 y Alba 2013 (pp. 29–56). La monografía *Die marianische Advokation und ihre Funktion als Personenname im Neuspanischen* (Ullrich 1967) estudia, junto a Díaz de Martínez 2003, otra particularidad de la antroponimia hispánica. Asimismo, Fernández Juncal 2000 se ocupa de la formación de sobrenombres y Fernández Juncal 2001 y 2008, de la influencia de las variables sociales «género» y «edad» en las designaciones personales en España.

Por su parte, Bajo Pérez 2008 aclara algunas cuestiones de la terminología antroponomástica. En el ámbito de la gramática onímica, pueden mencionarse las aportaciones de Fernández Leborans 1999 a la sintaxis de los nombres propios, especialmente los antropónimos y topónimos, así como la monografía *La caracterización morfosintáctica del nombre propio* (Bajo Pérez 2002).

De los asuntos relativos a las normativas legales sobre nombres personales en España se ocupan dos monografías: *El nombre civil de las personas naturales en el ordenamiento jurídico español* (Luces Gil 1978) y *El nombre y los apellidos. Su regulación en derecho español y comparado* (Fernández Pérez 2015). Por último, García González / Coronado González 1991 analizan los aspectos de la traducción de antropónimos.

En resumen, puede afirmarse que, a excepción del conjunto de nombres personales existentes en la Antigüedad y la Edad Media, así como ciertos aspectos tales como las leyes sobre los nombres en España, el estudio de la antroponimia hispánica puede considerarse sumamente insuficiente.

1.3. Desiderata

Si bien la historia de los nombres personales en la Edad Media supone el ámbito mejor estudiado con diferencia de la antroponomástica hispánica (aunque también de la lusófona, gallega y catalana), también se pueden señalar en este contexto importantes desiderata. Entre ellos, principalmente, resultaría oportuno un *Diccionario de nombres sefardíes*, el cual supondría una contribución sustancial a la antigua cultura y mentalidad de los judíos sefardíes, así como un *Diccionario de nombres hispano-árabes* para, entre otras cosas, investigar las variedades bereberes y árabes en la España medieval.

Entre los desiderata más apremiantes de la antroponomástica hispánica se encuentran, en primer lugar, investigaciones fundamentales basadas en corpus sobre las designaciones personales desde el siglo XVI hasta la actualidad en España y en los territorios no europeos.

A excepción de los hipocorísticos, la utilización real de los nombres más allá de los nombres personales oficiales —que puede inferirse mediante los métodos de la socio-onomástica, la pragmática onímica y el análisis de la conversación— apenas se ha estudiado.

Por su parte, el campo de la onomástica popular aportaría resultados prometedores que, entre otras cosas, brindarían una percepción de los factores de influencia subjetivos en la elección de los nombres de pila. En el presente estudio se presenta una selección de cuestiones relacionadas con la onomástica popular con el ejemplo de discursos metaonímicos en línea.

2. Nombres de persona en la Antigüedad y la Alta Edad Media[7]

La mayoría de los nombres y apellidos hispánicos actuales evocan una historia milenaria. Para distinguir entre los estratos etimológicos de los nombres personales y poder comprender la formación del sistema onímico, es imprescindible un análisis de las distintas etapas cronológicas de desarrollo desde los tiempos prerromanos. Huelga decir que, para las épocas de la Antigüedad y de la Alta Edad media, es más correcto hablar de nombres personales en la península ibérica y en las divisiones administrativas contemporáneas (provincias, condados, reinos, etc.) que de antropónimos «en español» o «hispánicos» en el sentido moderno del término.

Los primeros vestigios escritos de las lenguas que se hablaron en la península ibérica datan de los siglos VII-V a. C. Estos corresponden a inscripciones sobre placas de piedra, plomo y cerámica que, entre otras cosas, contienen numerosos nombres personales. Entre los grupos étnicos más antiguos que poblaron la península ibérica se encuentran las tribus tartésicas asentadas en el suroeste (aprox. entre los siglos XI y VI a. C.), cuyo idioma probablemente no era indoeuropeo. No existe prácticamente información sobre el idioma tartésico y su antroponimia (Untermann 1997: 156–158). A partir de principios del siglo I a. C., se asentaron en el noroeste y en la meseta meridional tribus indoeuropeas. Al grupo lingüístico indoeuropeo pertenece el idioma de los lusitanos, poco documentando y, por ello, menos conocido (Untermann 1997: 726). Considerablemente mejor investigados han sido, en cambio, los idiomas y nombres personales íberos y, en particular, los celtíberos (Untermann 1990: 195–206 y Untermann 1997: 420–34). La civilización ibérica se extendió desde el centro de Andalucía hasta el sur de Francia y alcanzó su esplendor entre el 450 y el 200 a. C. Las tribus celtíberas, de cultura iberizada pero idioma celta, se registran por primera vez a partir de la romanización. El proceso de la romanización de los territorios celtíberos se llevó a cabo durante el siglo I a. C. (Untermann 1997: 362–73). Los vestigios más tempranos de la colonización fenicia en el sur se remontan a los siglos IX–VIII (Untermann 1990: 112, nota 3). La llegada de los colonizadores griegos data del siglo VI. Mientras que algunas grandes colonias púnicas y griegas han conservado sus nombres originales hasta el día hoy —Gadir (Cádiz), Abdera (Adra),

---

7   La presente sinopsis se basa en las aportaciones de Brendler / Kouznetsova 2007 y Becker 2009a: 15–18.

Malaca (*Málaga*), *Emporion* (*Empúries*), *Rhoda* (*Roses*) (Correa Rodríguez 2004: 37)—, el repertorio de nombres personales de la península ibérica cuenta, en su mayor parte, con una ausencia de elementos fenicios. A falta de estudios pertinentes, resulta difícil estimar la influencia directa de los griegos sobre el conjunto de nombres personales de la península.

Al comienzo de la colonización romana de la península desde la segunda guerra púnica (218–204), el territorio de habla celta abarcaba una parte del valle del Ebro, la meseta, Gallaecia, una zona al sur de Gallaecia (Tuñon de Lara et al. 1985: 91) y la región centro-norte. El área lingüística íbera abarcaba la costa este. La romanización de la península ibérica duró casi dos siglos. La región cantábrica no fue conquistada definitivamente hasta el año 25 a. C. (Tuñon de Lara et al. 1985: 171–172).

Una parte de la región medieval de habla vasca —que corresponde a las provincias actuales de Guipúzcoa y Vizcaya, así como la zona al norte de la actual Pamplona—, no llegaron nunca a romanizarse por completo. En el territorio que corresponde a las actuales provincias de Álava y Navarra, así como en Aquitania, se han documentado abundantes inscripciones de nombres personales latinos, lo cual demuestra un alto grado de romanización (Echenique Elizondo 1984: 58). La cuestión de la presencia vasca en la península ibérica todavía no queda clara (Trask 1997: 35–40). De todos modos, debe considerarse el aquitano como el único idioma conocido manifiestamente relacionado con el vasco (Trask 1997: 398–403). Los nombres femeninos *Amunna, Annaia, Anderazo* y los nombres masculinos *Eita, Ionti* y *Ochoa*, encontrados en testimonios medievales, son probablemente de origen vasco.

Los nombres personales de los pueblos prerromanos representan, en gran parte, la singularidad del repertorio global de nombres y apellidos hispánicos que se conserva parcialmente hasta hoy. Entre los típicos nombres personales prerromanos están: en los territorios tartésicos: *Antullus, Attenius, Broccus, Sisiren, Siseia, Sisanna* (Untermann 1997: 156); en los territorios lusitanos: *Albicus, Albonius, Amoenus, Aturus, Dutia, Maelo, Tancinus* (Untermann 1997: 726, A.10); en los territorios celtíberos: *Atta, Caburus, Elaesus, Medugenus, Rectugenus, Toutius* (Untermann 1997: 420–33); en los territorios íberos: *Adimels, Beles, Burdo, Enneges, Ordennas, Sanibelser, Sergeton* f., *Turinnus*.[8]

---

8 Lista de nombres de una tropa auxiliar hispana del año 89 a. C., la *turma Salluitana*, es representativa de las designaciones personales de todo el ámbito lingüístico ibérico (Untermann 1990: 195).

La fórmula de los nombres celtíberos consiste en un nombre individual y un apellido formado con un sufijo en genitivo plural o en genitivo singular (Untermann 1997: 420). Los íberos añadían al nombre individual el nombre pospuesto del padre en su forma original (Untermann 1990: 197). Probablemente de la época prerromana procede el sufijo patronímico -'iz, tradicional desde la Alta Edad Media (-'ez en español actual), que, sin embargo, no se ha documentado en las inscripciones (Becker 2009a: 94–97).

Los romanos trajeron consigo, además de su idioma, sus nombres personales y su sistema onímico a la península ibérica. Tras las investigaciones actuales, el patrimonio de nombres personales latinos de las provincias de Hispania presenta pocas particularidades en comparación con otras provincias romanas; por ejemplo, la concentración de nombres personales de denominaciones de parentesco (*Avitus, Fraternus, Maternus, Paternus*) en las regiones de habla celta de Hispania y Galia (Kajanto 1965: 18; 80). No obstante, la posible influencia de las tradiciones indígenas sobre el repertorio antroponímico de la Hispania romana apenas se ha estudiado hasta ahora.

Como en otras partes del imperio romano, en la Hispania de finales de la República y principios de la época imperial se extendió el sistema *tria nomina* de acuerdo con el modelo: *praenomen + nomen gentile + cognomen*; por ejemplo, *Lucius Aemilius Paullus*. Los siguientes nombres corresponden a *praenomina* — nombres individuales de los romanos y, al mismo tiempo, el estrato más antiguo del repertorio antroponímico latino— originales que se han documentado con frecuencia hasta la Edad Media: *Aulus, Lucius, Sergius, Servius, Titus, Tullius*. Los gentilicios (en latín, *nomina gentilia* o *nomina gentilicia*) corresponden a la denominación de la *gens*, en sentido amplio, el apellido de los romanos, que en el sistema onímico *tria nomina* ocupaba el segundo lugar y, por regla general, se formaba con el sufijo -'ius. Entre los gentilicios que se utilizaron hasta la Edad Media en Hispania se encuentran: *Aemilius, Aurelius, Fabius, Flavius, Lucretius, Marius, Octavius, Sidonius, Terentius* y *Valerius*. Los *cognomina* eran sobrenombres de los romanos que en el sistema onímico *tria nomina* ocupaban el tercer lugar. Los *cognomina* individuales originales podían convertirse en *cognomina* familiares hereditarios, como el cognomen individual *Scipio*, que se convirtió en *cognomen* familiar de una rama de la *gens Cornelia*. Los siguientes nombres personales hispánicos tienen su origen en *cognomina*: *Abundius, Aeternus, Amantius, Asinarius, Avitus, Beatus, Constantius, Crescens, Dulcidius, Emeritus, Ferrocinctus, Florentius, Fortis, Fortunius, Gaudentius, Maximus, Mauricius, Principius, Rufinus, Sanctus, Severus, Urbanus, Valentius* y *Vitalis*.

Los primeros judíos que llegaron a la península ibérica conformaban una parte de la antigua diáspora que se dispersó por todas las provincias del imperio romano (Baer 1961: vol. 1, 16). Existen testimonios fiables de la presencia judía a partir de los siglos III–IV d. C. (Rother 2001: 325). No obstante, la mayoría de nombres personales de origen hebreo llegaron a la península ibérica gracias a la difusión de la religión cristiana. Desde el comienzo de la conquista árabe en el año 711 y hasta el siglo IX, los judíos vivieron exclusivamente bajo la dominación musulmana y no en los territorios cristianos (Rother 2001: 332). Entre los testimonios más tempranos de la presencia judía en el norte cristiano de la península ibérica pueden citarse las siguientes atestaciones: *Abzecri* iudeo a.977 (Sahagún), *Vitas* hebreo a.1008 (León), *Citiello* iudeo a.1017 (San Millán de la Cogolla), *Nomenbonu* ebreo a.1038 (León), *Copiosa* ebrea a.1040 (León), *Fiduciale* ebreo a.1044 (León), etc. (Becker 2009a: 51–52). Además de los nombres personales de origen hebreo como *Abraham, Ava, Choen, Iacobus, Isaac, Iuda, Moise / Mosse, Nathan*, etc., los judíos hispánicos trajeron nombres de etimología latino-románica: *Benevenisti, Bonushomo, Bonavita, Copiosa, Crescentius, Felicitas, Fiducialis, Nomenbonus, Perfectus, Vitas, Vivas, Donadeus, Maior, Maurus, Salvator*, etc. Evidentemente, los judíos no solían llevar nombres personales de origen germánico (Becker 2009a: 52; Becker 2009b: 143). Existen indicios de «traducciones» del hebreo entre algunos nombres judíos de etimología latino-románica difundidos: el nombre *Benevenisti*, por ejemplo, podría corresponder al saludo hebreo *shalom* y el nombre *Perfectus* igualmente al lexema y nombre personal *Shalom* con connotaciones de «paz» y «perfección» (Kaganoff 1977: 13; 57). Ya en la Baja Edad Media, a los judíos y musulmanes se les prohibió explícitamente el uso de los nombres cristianos, como fue el caso de las Cortes de Valladolid de 1315 (Kremer 1992: 469).

Como resultado de la emigración masiva, en el año 409 los pueblos de los vándalos, los suevos y los alanos cruzaron los Pirineos. En el año 456, los visigodos, bajo el mandato de Teodorico II, invadieron la península ibérica (Collins 1983: IX). Los pueblos germánicos trajeron consigo a Hispania un nuevo estrato de nombres personales. A partir de los siglos V–VI, comenzaron a transmitirse —al principio en menor número y, posteriormente, casa vez más— los nombres personales germánicos, principalmente los de origen visigodo; véanse las inscripciones: *Atanagildi* a.558, *VViliulfus* a.562, *Gunthoerta* a.618, *Teodemirus* a.662. A partir del siglo VIII, los nombres personales visigodos aparecen «en cantidad, variedad y originalidad sorprendentes» (Piel / Kremer 1976: 13, traducción de L. B.); y en los siglos XII–XIII, la moda de los nombres de origen germánico alcanza todo su esplendor. Ciertos nombres actuales de origen visigodo como *Alfonso, Álvaro, Elvira, Fernando, Gonzalo, Ramiro* y *Rodrigo*, considerados típicamente hispánicos, ya eran populares en la Hispania de la Alta Edad Media. Asimismo, de esta época proceden las composiciones híbridas romano-germanas *Cresce-mirus, Dulce-mirus, Aure-sindus, Flore-sindus, Hispano-sindus*, etc. (véase Becker 2009a: 100). Como consecuencia de la conquista árabe, a partir del año 711 el imperio visigodo se derrumbó. Otras transformaciones políticas, como el estallido de la Reconquista tras la batalla de Covadonga en el año 722 y la creación de la Marca Hispánica tras la conquista de Barcelona bajo el reinado de Carlomagno en el año 801 (Collins 1983: 255 y Vones 1993: 52), determinaron la futura situación lingüística de la península ibérica. Desde finales del siglo IX y principios del X, en el noroeste se difunden los nombres personales de procedencia árabe que traen los inmigrantes mozárabes del sur morisco: por ejemplo, *Abozuleiman* a.912, *Abdellaziz* a.914, *Mutarraf* a.916, *Abolfeta* a.919. Probablemente, la emigración de los mozárabes estuvo motivada por los conflictos violentos que tuvieron lugar en Al-Andalus entre los siglos IX y X (Collins 1983: 221). Junto con numerosos nombres personales de origen árabe (*Abderrahaman, Aiub, Habib, Mahomat, Melic, Omar, Salit, Valit, Zalama*), aparece en los documentos la partícula de filiación *iben* (del árabe *ibn*, hijo), véase: Coraisci *eben Bonellus* a.918, Maurellus *iben Dauid* a.919. La influencia árabe directa sobre el repertorio de nombres personales hispánicos fue limitada: únicamente el apellido moderno *Benegas* se compone originariamente de *iben* y el nombre personal *Egas*, de etimología visigoda.

En el noreste, a partir del siglo IX los nombres personales procedentes de Francia Occidental se van sumando a los visigodos (Kremer 1969–1972: 19): *Leudegarda* a.886, *Geradoardo* a.888, *Rodoardus* a.920, *Arlabaldus* a.924. En los siglos XI y XII, el ascenso de la Orden Cisterciense y la afluencia de peregrinos en el Camino de Santiago debido al «descubrimiento» del sepulcro del apóstol Santiago durante el dominio de Alfonso II de Asturias (789–842) motivó el refuerzo de la presencia galorromana en la península ibérica (Boullón Agrelo 1997: 86–871), como demuestran las formas onímicas galorromanas *Gil* < *Aegidius* establecidas en el noroeste de la península ibérica en el siglo XII, así como los siguientes nombres personales galorromanos, la mayoría de etimología germana, en la documentación de Navarra y Castilla: *Arnaldus, Berengarius, Frotardus, Gaston, Geraldus, Lambertus, Raimundus* y *Richardus*.

Una característica particular del repertorio de nombres personales de la Alta Edad Media fue la creación de numerosos nombres a partir del léxico cotidiano, que, por consiguiente, poseían correspondencias léxicas exactas, como por ejemplo los nombres femeninos *Orobellido* «oro bonito», *Domna Bona* «mujer / señora buena, noble», *Dulce* «dulce, amada», *Graciosa* «graciosa, encantadora», *Maior* «hermana mayor» y los nombres masculinos *Falcon* «halcón», *Ferro* «hierro», *Padre*, etc.

3. Nombres de persona desde la Baja Edad Media hasta hoy

Con la aparición de los apellidos hereditarios a partir del siglo XII, comenzó a producirse la separación entre nombre y apellido que corresponde, en sentido amplio, a la percepción moderna de estos conceptos.

3.1. Nombres de pila

3.1.1. Evolución y etimología

Desde el siglo XI (en el área lingüística vasca y, anteriormente, en el centro norte), debido a la aparición de «nombres de moda» sumamente frecuentes y a la creciente influencia de los nombres cristianos —entre ellos los nombres bíblicos y santos—, el conjunto de nombres existentes comenzó a reducirse. Poco a poco, nombres como *Pedro, Domingo, Juan, María, Martín, Miguel* o *Pascual*, que en parte ya se habían difundido excepcionalmente durante los siglos anteriores (como *Pedro*), llegaron a desempeñar un papel dominante, al igual que en el resto de Europa occidental (Kremer 1992: 463–464). La omnipresente influencia de la iglesia católica se reflejó, especialmente tras el Concilio de Trento (1545–1563), mediante la limitación del conjunto de nombres a los nombres del santoral. Entre otras influencias que afectaron a la formación de nuevos «nombres de moda» cristianos pueden mencionarse «las reformas de los monasterios procedentes de Francia, la peregrinación a Santiago, la gradual Reconquista con el asentamiento masivo de "extranjeros" (Sevilla, Jerez, Murcia, Valencia, etc.)» (Kremer 1992: 463, traducción de L. B.). Por contra, los antiguos nombres tradicionales como *García, Pelayo, Muño, Bermudo, Gonzalo, Nuño*, etc., perdieron popularidad (Kremer 1992: 463). Entre los nombres de mujeres, esta evolución fue menos acusada: además del popular nombre cristiano *par exellence María* se han podido mantener los tradicionales *Elvira, Xemena, Sancha, Urraca*, etc. (Kremer 1992: 464).

A partir de finales del siglo XV, el idioma y los nombres españoles se transmitieron al Nuevo Mundo. Mediante un análisis de los nombres de 40.000 colonos españoles en América en el siglo XVI, Boyd-Bowman (1970: 12) llega a la conclusión de que una clara mayoría de las personas estudiadas llevaba alguno de los pocos nombres populares con origen en el Nuevo Testamento (*Juan, Pedro, Francisco, Antonio, Baltasar, Gaspar, Melchior*): en comparación con los siglos XII–XIII, la situación apenas había cambiado. Durante los primeros siglos de la colonización, las fuentes escritas oficiales no permiten identificar ninguna diferencia entre los nombres hispanoeuropeos y los hispanoamericanos. Los conquistadores españoles y los primeros «criollos», es decir, los americanos con ascendencia española, llevaban lógicamente nombres españoles típicos. Así, entre los nombres de pila más frecuentes en los registros parroquiales de la catedral de México se encuentran entre 1540 y 1660: *Juan, Diego, Francisco, Pedro, Antonio, Alonso* y *Luis*, así como *María, Juana, Isabel, Ana, Catalina* y *Beatriz* (Boyd-Bowman 1970: 16).

La población indígena y, posteriormente, también los «mestizos», los esclavos africanos y los «mulatos» se mencionan en las fuentes predominantemente por los nombres cristianos obtenidos tras el bautismo. Conforme a uno de los principales objetivos de la expansión española en el Nuevo Mundo —la cristianización de la población nativa—, la conversión al cristianismo se acompañó de la adopción de un nuevo nombre cristiano, por lo general un nombre santo (García Gallarín 2014: 29); un ejemplo fue la princesa azteca *Tecuichpotzin*, quien tras el Bautismo se denominó *Isabel Moctezuma* (García Gallarín 2009: 85). De forma paralela al planteamiento de la conversión forzada de los musulmanes al cristianismo en el transcurso de la Reconquista, se aplicaron las prácticas onímicas de aniquilación de nombres «paganos» indígenas (García Gallarín 2007a: s. p.).

A partir del siglo XVII, los nombres de pila múltiples adquirieron mayor importancia, de los cuales uno de los elementos era un nombre muy frecuente, por ejemplo: *Juan Francisco, Juan Gerónimo, Juan Manuel, María Casilda, Ana María, María Clara, María Gregoria* y *María Madalena*, sacados del registro de bautizos de la parroquia madrileña de San Sebastián (1600–1630) (García Gallarín 2009: 77). Los nombres del Antiguo Testamento, como por ejemplo *Abraham* e *Isaac*, que en la Edad Media llevaban tanto judíos como cristianos (véase Becker 2009a: 62) y que con la aparición de nombres de moda cristianos muy frecuentes poco a poco se convirtieron en un rasgo distintivo de las designaciones judías, han desaparecido totalmente del repertorio de nombres españoles (García Gallarín 2009: 87–89).

El incremento de las advocaciones marianas, es decir, «el título advocativo de las representaciones de María en forma de imagen o en forma de representación plástica» (Hafner 2004: 21, traducción de L. B.), data del siglo XVII. La mayoría de las advocaciones se refieren bien a una festividad o un lugar de aparición de la Virgen, o bien al lugar donde se encontró la representación (Hafner 2004: 21). Ya en el siglo XVI, la Orden de las Carmelitas implantó la advocación geográfica *Carmen*; le siguieron la Orden de los Franciscanos (*Ángeles, Inmaculada Concepción*), de los Agustinos (*Consolación*), de la Merced (*Mercedes*) y de los Dominicos (*Rosario*) (Hafner 2004: 23). Como consecuencia de las contra-rreformas, los nombres marianos alcanzaron una amplia difusión en los siglos XVII, XVIII y XIX. En la segunda mitad del siglo XIX, aumentó la formación de nombres advocativos dobles y múltiples (Hafner 2004:). Mientras que dichas advocaciones impulsadas por las órdenes abarcaban todo el territorio español, existía un conjunto de imágenes milagrosas regionales y locales, como *Pilar* para Aragón (especialmente Zaragoza), *Camino* para León, *Candelaria* para las Islas Canarias, *Guadalupe* para Extremadura, etc. (Hafner 2004: 27–28). Los nuevos avances en la península ibérica llegaron a las colonias de ultramar con retra-so, como constata Boyd-Bowman (1970: 20), ya que las advocaciones marianas aparecen en Nueva España en 1675 y llegan a su esplendor a principios de la primera mitad del siglo XIX. En México, junto a la apreciada *María de Gua-dalupe* (la aparición de la madre de Dios en Ciudad de México data de 1531), se extendieron las siguientes advocaciones: *Dolores, Soledad, Concepción, Luz* y *Carmen* (Boyd-Bowman 1970: 20). La tendencia de poner a los recién nacidos los nombres de varios santos y, de este modo, obtener su favor, se popularizó en México progresivamente a partir de 1700; véanse: *Joseph María de Jesús, María Guadalupe Josefa de Jesús, José María Ponciano Bruno Juan Nepomuceno Luis Gonzaga* y *María de la Concepción Manuela Josepha Joachina Ana Rafaela Ramo-na Cleofas Demetria Francisca de Paula Luisa Gonzaga de la Santísima Trinidad* (Boyd-Bowman 1970: 24).

Las obras literarias de los Siglos de Oro aportan indicios esporádicos de los nombres contemporáneos no oficiales, por ejemplo Cervantes menciona los siguientes seudónimos o apelativos de actores y amantes que también se do-cumentan en fuentes históricas: *Amarilis, Filis, Silvia, Diana, Galatea, Fílida* (García Gallarín 2009: 103–104). El uso de diminutivos en la literatura apunta a una gran difusión de las variantes de los nombres con sufijos en la vida diaria: *Alonsillo, Catalinilla, Juanilla, Marica, Ynesica, Ysabelica, Tristanico, Gonzalvico, Ginesillo, Minguillo, Periquillo, Tomasillo, Sanchica* (García Gallarín 2009: 81).

En el siglo XIX, además de los nombres santos y las advocaciones maria-nas tradicionales y muy frecuentes, surgió la moda de los nombres de pila li-terarios procedentes de óperas italianas y francesas: *Adolfo, Augusto, Adalgisa, Adelaida, Emma, Leticia, Violeta* (García Gallarín 2010: s. p.); *Alicia, Amalia, Matilde, Alfredo, Amadeo, Arturo, Armando, Eduardo, Gustavo* (García Gallarín 2014: 35). Los nombres germánicos como *Álvaro* y *Rodrigo*, muy extendidos en la Edad Media y en desuso entre los siglos XVI y XVII, recobran importancia en la época del romanticismo (García Gallarín 2014: 34). En Hispanoamérica, las designaciones de pila destacan por la formación de hipocorísticos característicos

(*Lola, Charo, Pancho*), acrónimos, compuestos y anglicismos (García Gallarín 2014: 35). En el año 1800, a más del 90 % de las niñas recién nacidas en Ciudad de México se les puso el nombre de *María* (Boyd-Bowman 1970: 28). A partir de 1890, Boyd-Bowman (1970: 27) registra una alta frecuencia de nombres masculinos germánicos en Ciudad de México: *Adolfo, Alberto, Alfredo, Carlos, Eduardo, Enrique, Fernando, Ricardo, Roberto*. En Argentina, la inmigración masiva procedente de Europa, sobre todo de Italia, deja su rastro en el repertorio antroponímico a partir de la segunda mitad del siglo XIX. Rossebastiano / Tonda (2012: 4–5) y Cacia (2012: 26:27) identifican una serie de nombres de pila italianos o piamonteses en los descendientes de los inmigrantes italianos en la provincia de Santa Fe, entre ellos: *Primo, Bautista / Baptista, Juan Bautista* y *Margarita*.[9]

En el siglo XX, a ambos lados del Atlántico las designaciones destacan por una creciente secularización que se traduce en una orientación «exótica» y nombres melodiosos, así como el nombramiento en honor a personas destacadas (véase Boyd-Bowman 1970: 35). En este contexto renacen los nombres de origen hebreo (*Esther, Judith, Raquel, Rebeca, Sara; Benjamín, Daniel, David, Jacobo, Rubén, Samuel*) y griego / latino (*Artemisa, Sofía; Alejandro, César, Augusto, Darío, Héctor, Horacio*). Simultáneamente, también aumenta la popularidad de los nombres de etimología germánica en todo el mundo hispanohablante, véase *Alfonso, Armando, Arnoldo, Bernardo, Ernesto, Federico, Francisco, Gerardo, Gilberto, Guillermo, Gustavo, Humberto, Raimundo, Ramón, Raúl, Rodolfo* y *Waldo* en México (Boyd-Bowman 1970: 32). La cantidad de nombres múltiples disminuye en favor de los nombres simples. En México, la influencia de la revolución (1910–1920) en la elección de los nombres fue limitada. Llama la atención la moda de los nombres femeninos terminados en *-ina, -elia/-ilia* y *-eta*: *Albertina, Alejandrina, Angelina, Carolina, Catalina, Clementina, Ernestina, Evangelina, Georgina, Joaquina, Josefina, Justina; Amelia, Aurelia, Celia, Delia, Emilia, Eulalia, Fidelia, Lilia, Natalia, Ofelia; Antonieta, Enriqueta, Julieta* (Boyd-Bowman 1970: 32). Asimismo, entre los antropónimos hispanoamericanos son características numerosas construcciones nuevas con *-ilda/-ilde*: *Abegailda, Amtilde, Anatilde, Crimilda, Emilda, Eresmilda, Isilda, Romilda, Silda, Zunilda*, etc. (García Gallarín 2010: s. p.).

El aprecio oficialmente propagado por la historia precolombina de México no se refleja de ninguna manera en el ámbito lingüístico y onomástico: el corpus

---

9   En los documentos escritos, prácticamente todos los nombres de los inmigrantes procedentes de Italia se adaptaron a las costumbres antroponímicas hispánicas, lo cual dificulta la identificación de los nombres de pila de origen italiano: *Francesco > Francisco, Battista > Bautista / Baptista, Ovidio > Obidio, Giacomo > Santiago, Giovanni > Juan, Giuseppe > José*, etc. (Cacia 2012: 26).

de Boyd-Bowman no contiene ni un solo nombre de pila de origen indígena (Boyd-Bowman 1970: 31). Es a partir de finales del siglo XX que se empiezan a poner en México nombres de etimología náhuatl (por ejemplo: *Cuahtémoc, Tonatiuh* y *Xóchitl*) con cierta regularidad (Aguilar Salas 1988: 100). En el corpus de López Franco 2010 de nombres propios en el municipio de Tlalnepantla de Baz durante el siglo XX el primer nombre masculino de origen indígena aparece en el año 1960 (Roberto *Axayacatl Nahuyotl*, con los dos últimos nombres de etimología náhuatl) y el primer nombre femenino, en el año 1975 (Claudia *Itzel*, con el segundo nombre de etimología maya) (López Franco 2010: 90).

En la España post-Franco, además de los populares nombres tradicionales, los préstamos del mundo de habla inglesa (*Christopher, Deborah, Jennifer, Jessica*) así como de los idiomas eslavos (*Ígor, Iván*) tienen cabida en el conjunto de nombres existentes (García Gallarín 2007b: capítulo 3.4, s. p.). Mientras que el repertorio de nombres españoles sigue creciendo continuamente, a finales del siglo XX y principios del XXI los grandes grupos poblacionales utilizaban un número reducido de nombres: en el corpus de nombres de recién nacidos de Madrid entre 1996 y 2006 de García Gallarín 2010 (Capítulo III.1, s. p.), el 75 % de los 304.565 recién nacidos llevan únicamente 328 nombres de un total de 38.750 tipos de nombres distintos. Algunos de los nombres populares en la primera mitad del siglo XX también fueron elegidos con frecuencia en Madrid entre 1996 y 2006, son: *Carmen, Enrique, Cecilia, Clara, Félix, Héctor, Ignacio, Lara, Laura, Ramiro, Raúl, Rubén, Rebeca, Sara, Sandra, Silvia*, etc. Otros anteriormente favoritos, como *Juana, Concepción, Dolores, Francisca, Gustavo, Immaculada, Loyola, Rafaela, Socorro* y *Úrsula*, por el contrario, han disminuido definitivamente desde finales del siglo XX (García Gallarín 2010, capítulo III.2, s. p.). Llama la atención la difusión de nombres propios individuales con un marcado carácter de origen regional, por ejemplo *Aitor, Iker* y *Ainhoa*, de origen vasco, o *Yaiza*, de origen canario, en otras regiones de España (García Gallarín 2010, capítulo III.3, s p.). Algunos nombres propios que hace solo unas décadas se habrían percibido como préstamos de otras zonas lingüísticas pasan a principios del siglo XXI a ser de los más frecuentes en Madrid, como: *Brian, Cristian / Christian, Érik, Iván, Jennifer / Yénifer, Jessica, Kevin, Sheila* y *Vanesa / Vanessa* (García Gallarín 2010, capítulo III.3.1, s. p.).

3.1.2. Situación actual

3.1.2.1. Marco legal

Las disposiciones legales sobre los nombres y apellidos se han liberalizado en los últimos años en diversos países de habla hispana, mientras que en otros con normativas anteriormente liberales se han implantado restricciones, en parte en ámbitos regionales.

3.1.2.1.1. España

En España, las disposiciones legales sobre los nombres se recogen en el capítulo I «Inscripción de nacimiento», sección 2.a «Contenido de la inscripción de nacimiento», artículos 49–57 del Registro Civil actualizado en 2011. En el artículo 51, se regula la elección de los nombres como sigue:

> Artículo 51. *Principio de libre elección del nombre propio.*
> El nombre propio será elegido libremente y sólo quedará sujeto a las siguientes limitaciones, que se interpretarán restrictivamente:
> 1. No podrán consignarse más de dos nombres simples o uno compuesto.
> 2. No podrán imponerse nombres que sean contrarios a la dignidad de la persona ni los que hagan confusa la identificación.
> 3. No podrá imponerse al nacido nombre que ostente uno de sus hermanos con idénticos apellidos, a no ser que hubiera fallecido. (Agencia Estatal, Gobierno de España 2011)

Solo se conservan tres restricciones del artículo 54 del Registro Civil de 1957, en vigencia hasta hace poco: la prohibición de nombres formados por más de dos elementos simples o uno compuesto, que atenten contra la dignidad de su portador o dificulten la identificación del mismo, o que sean idénticos a los de hermanos vivos con los mismos apellidos. Se anulan el resto de prohibiciones, como la utilización de diminutivos y variantes familiares o coloquiales, los nombres que no permitan una clara diferenciación de género y la traducción de los nombres de hermanos a otros idiomas (Ministerio de Justicia (ed.), *Ley del Registro Civil de 8 de junio de 1957*). Asimismo, se incorpora por primera vez en el artículo 50 el «Derecho al nombre», que dicta: «Toda persona tiene derecho a un nombre desde su nacimiento». El pasaje de la modificación legislativa de 1977 (actualizada en 1999) que estipula la «sustitución del nombre por un equivalente en uno de los idiomas del Estado español» se incorporó al artículo 50 sin alteraciones: «A petición del interesado o de su representante legal, el encargado del Registro sustituirá el nombre propio de aquél por su equivalente en cualquiera de las lenguas españolas» (Agencia Estatal, Gobierno de España 2011).

3.1.2.1.2. México

A nivel federal, en el Código Civil Federal mexicano de 1928, cuya última modificación tuvo lugar en 2013, no se regulan explícitamente los nombres y apellidos:

Artículo 58. El acta de nacimiento se levantará con asistencia de dos testigos. Contendrá el día, la hora y el lugar del nacimiento, el sexo del presentado, el nombre y apellidos que le correspondan [...] (Cámara de diputados (ed.): *Código Civil Federal*)

No obstante, el Código Civil mexicano contiene diversas indicaciones indirectas sobre lo que se debe entender por «nombre y apellidos»; además, existen reglas consuetudinarias correspondientes (Arce Gargollo 1991: 34).

A nivel regional, en los últimos años se ha ido restringiendo la regulación liberal de los nombres propios en múltiples estados mexicanos. En el estado federal de Sonora, la Ley de Registro Civil de 2013 (artículo 46), prohíbe los nombres peyorativos, discriminatorios, indecorosos, difamatorios y sin significado; los nombres que contengan símbolos o abreviaturas, y llevar más de dos nombres (s. a. 2014a). El padrón municipal de Hermosillo, la capital del estado federal de Sonora, incluso instauró una lista de nombres prohibidos que contiene, entre otros, los siguientes: *Aceituno, Anivdelarev, Batman, Burger King, Caralampio, Cheyenne, Christmas Day, Circuncisión, Email, Escroto, Facebook, Fulanito, Harry Potter, Hermione, Indio, James Bond, Lady Di, Robocop, Rolling Stone, Sol de Sonora, Twitter, Virgen* (s. a. 2014b). Sin embargo, a consecuencia de las protestas de la población, el Congreso de Sonora anuló la nueva ley el 16 de mayo de 2014 (s. a. 2015a). Restricciones similares, aunque sin mencionar ejemplos concretos, se implantaron en los estados federales de Querétaro (2013) y Michoacán (2010) (s. a. 2015a).

3.1.2.1.3. Argentina

El 1 de agosto de 2015 entró en vigor en Argentina el nuevo Código Civil y Comercial de la Nación de 2014. En el capítulo 4 «Nombre», artículos 62–72, se regulan los nombres. Las siguientes directrices del artículo 63 se aplican a los nombres propios:

Artículo 63. Reglas concernientes al prenombre. [...]
b. no pueden inscribirse más de tres prenombres, apellidos como prenombres, primeros prenombres idénticos a primeros prenombres de hermanos vivos; tampoco pueden inscribirse prenombres extravagantes;
c. pueden inscribirse nombres aborígenes o derivados de voces aborígenes autóctonas y latinoamericanas. (Sistema Argentino de Información Jurídica 2014)

Únicamente se mantienen cuatro restricciones de la Ley N.º 18.248 «Nombre de las personas» de 1969: la prohibición de llevar más de tres nombres de pila, de llevar apellidos como nombres de pila, de llevar nombres idénticos a los de hermanos vivos y de llevar nombres «extravagantes». A partir de este momento. pierde vigencia la prohibición de llevar nombres «ridículos, contrarios a nuestras costumbres, que expresen o signifiquen tendencias políticas o ideológicas, o que susciten equívocos respecto del sexo de la persona a quien se impone», así como «extranjeros» (Secretaría de Derechos Humanos de la Provincia de Buenos Aires (ed.): *Ley N.º 18248 Nombre de las personas*). En el Código Civil argentino también se recoge, en el artículo 62, el derecho y la obligación de utilizar los nombres y apellidos asignados. Un significado simbólico mucho mayor posee el permiso explícito incluido en la modificación de 1984 de otorgar nombres indígenas o derivaciones de lexemas de los idiomas indígenas argentinos y latinoamericanos. Esta modificación muestra una reorientación programática de la política lingüística argentina a partir de los años 80 del siglo XX hacia la multiculturalidad y el plurilingüismo. Se ratificó en las provincias de Tierra del Fuego, Misiones y Formosa, y en la provincia de El Chaco se recopiló una lista de nombres indígenas (Zamborain s. a. a).

3.1.2.2. Nombres frecuentes

Con el fin de ofrecer una visión de los nombres de pila que por su actual difusión se consideran típicamente españoles, mexicanos o argentinos, a continuación se analiza una serie de datos estadísticos. En cualquier caso, a la vista de la heterogeneidad de estos datos, la comparación directa entre los porcentajes en los países indicados debe ser solamente parcial. En el marco de la sinopsis en cuestión solo es posible analizar de cada vez entre 10 y 20 de los nombres más frecuentes.[10]

3.1.2.2.1. España

El Instituto Nacional de Estadística (INE) español proporciona en su sitio web tablas de frecuencia diferenciadas para nombres masculinos y femeninos. Entre los 20 nombres más frecuentes entre toda la población española se encontraban en el año 2014 los siguientes:

---

10 Con seguridad, una comparación sistemática de los nombres de pila menos comunes daría lugar a resultados muy interesantes.

Tabla 2: los 20 nombres simples y compuestos masculinos más frecuentes en España a nivel nacional (fecha: 1.1.2014).

	Nombres de pila simples y compuestos	Frecuencia absoluta	Por cada 1.000 habitantes
1	Antonio	727.164	31,6
2	José	657.242	28,6
3	Manuel	628.294	27,3
4	Francisco	540.239	23,5
5	Juan	374.469	16,3
6	David	358.075	15,6
7	José Antonio	318.284	13,8
8	José Luis	304.581	13,3
9	Javier	302.122	13,1
10	Francisco Javier	289.888	12,6
11	Jesús	287.993	12,5
12	Daniel	284.548	12,4
13	Carlos	279.650	12,2
14	Miguel	257.212	11,2
15	Alejandro	248.140	10,8
16	José Manuel	247.363	10,8
17	Rafael	246.818	10,7
18	Pedro	239.629	10,4
19	Ángel	229.301	10,0
20	Miguel Ángel	228.990	10,0

Fuente: Instituto Nacional de Estadística (ed.): *Apellidos y nombres más frecuentes*.

Tabla 3: los 20 nombres simples y compuestos femeninos más frecuentes en España a nivel nacional (fecha: 1.1.2014).

	Nombres de pila simples y compuestos	Frecuencia absoluta	Por cada 1.000 habitantes
1	María Carmen	672.523	28,3
2	María	642.319	27,0
3	Carmen	423.452	17,8
4	Josefa	304.954	12,8
5	Isabel	283.874	11,9
6	Ana María	278.463	11,7
7	María Pilar	268.639	11,3
8	María Dolores	267.376	11,2

	Nombres de pila simples y compuestos	Frecuencia absoluta	Por cada 1.000 habitantes
9	María Teresa	258.372	10,9
10	Ana	256.794	10,8
11	Laura	252.904	10,6
12	Francisca	232.816	9,8
13	María Ángeles	231.637	9,7
14	Cristina	230.088	9,7
15	Antonia	225.976	9,5
16	Marta	220.459	9,3
17	Dolores	219.646	9,2
18	María Isabel	206.152	8,7
19	María José	205.185	8,6
20	Lucía	186.320	7,8

Fuente: Instituto Nacional de Estadística (ed.): *Apellidos y nombres más frecuentes*.

Otra tabla con los datos sobre la media de edad de los portadores de dichos nombres explica la diferencia en la dinámica de desarrollo de los nombres particulares: compárense por ejemplo *José*, con una edad media 59,6 años, *Francisco* (55,5) y *Juan* (54,6) con *Alejandro* (23,7), *Daniel* (25,1) y *David* (27,6); por otra parte están *Josefa* (65,8), *Dolores* (65,0) y *Francisca* (62,7) frente a *Lucía* (22,5), *Laura* (25,3) y *Cristina* (30,4).

La comparación de los 10 nombres más frecuentes entre la población general según las provincias individuales arroja muy pocas irregularidades (por ejemplo, la preferencia por *María Pino* en Las Palmas), y muestra una alta homogeneidad proporcional entre los nombres de pila de las últimas décadas, como puede verse en las siguientes recopilaciones de seis provincias seleccionadas en el centro, norte, sur y sureste de España, así como en las Islas Canarias:

Tabla 4: los 10 nombres masculinos más frecuentes en seis provincias españolas en 2015.

	Madrid	Burgos	Asturias	Murcia	Sevilla	Las Palmas
1	Antonio	José Luis	Manuel	Antonio	Manuel	Antonio
2	David	Jesús	José Manuel	José	Antonio	Manuel
3	Manuel	David	José Luis	Francisco	José	Francisco
4	Javier	Javier	José Antonio	Juan	Francisco	José
5	Carlos	Francisco Javier	José	Pedro	Rafael	Juan
6	José Luis	Carlos	David	José Antonio	Francisco Javier	Francisco Javier

Madrid	Burgos	Asturias	Murcia	Sevilla	Las Palmas
7	José	Fernando	Pablo	Manuel	José Manuel	José Antonio
8	Daniel	Ángel	Javier	Jesús	José Antonio	Alejandro
9	Francisco	Daniel	Daniel	David	Juan	Daniel
10	Jesús	Miguel Ángel	Antonio	Alejandro	Jesús	Miguel Ángel

Fuente: Instituto Nacional de Estadística (ed.): *Apellidos y nombres más frecuentes.*

Tabla 5: los 10 nombres femeninos más frecuentes en seis provincias españolas en 2015.

	Madrid	Burgos	Asturias	Murcia	Sevilla	Las Palmas
1	María Carmen	María Carmen	María Carmen	María	María Carmen	María Carmen
2	María	María	María	Josefa	Carmen	María Pino
3	Carmen	María Pilar	María Ángeles	María Carmen	María	María Dolores
4	María Pilar	María Ángeles	María Luisa	Carmen	Dolores	Carmen
5	Laura	María Teresa	María Teresa	María Dolores	Rosario	María
6	Cristina	Laura	María Pilar	Isabel	Ana	Josefa
7	María Teresa	Ana María	Ana María	Antonia	María Dolores	Ana María
8	Ana María	Cristina	Carmen	Dolores	Josefa	Laura
9	Marta	María Jesús	María Isabel	Francisca	Isabel	Dolores
10	María Ángeles	Lucía	Lucía	Ana	Ana María	María Isabel

Fuente: Instituto Nacional de Estadística (ed.): *Apellidos y nombres más frecuentes.*

Los 10 nombres más frecuentes entre la población general de las provincias selec-cionadas en las regiones autónomas multilingües de España muestran, asimismo, un patrón de distribución similar con pocas peculiaridades: *Antonio, José, Francisco, Manuel, Juan, David, Jordi, Marc, Daniel, Carlos / María, Montserrat, María Carmen, Carmen, Marta, Laura, Nuria, Josefa, Isabel, Cristina* en Barcelona; *José Luis, Javier, Francisco Javier, José Antonio, José María, Jesús, Antonio, Aitor, David, José / María Carmen, María Pilar, María Teresa, María, María Ángeles, Ana María, María Jesús, María Isabel, María Luisa, Isabel* en Araba / Álava y *Manuel, José, José Manuel, Antonio, José Antonio, Jesús, José Luis, Francisco, David, Pablo / María Carmen, María, Carmen, María Dolores, Josefa, María Pilar, María José, María Teresa, Ana María, Manuela* en A Coruña. Esta alta homogeneidad proporcional (con ex-cepción de *Jordi, Marc, Montserrat* y *Nuria* en Barcelona y *Aitor* en Araba / Álava) se debe sobre todo a una alta proporción de personas mayores en la estadística.

Mediante la lista de los 20 nombres más frecuentes entre los recién nacidos del año 2014 (datos provisionales del 22.6.2015) se reconoce un cambio en los nombres del siglo XXI:

Tabla 6: los 20 nombres masculinos y femeninos más frecuentes entre los recién nacidos en España en 2014.

	Nombres de chicos	Frecuencia absoluta	Nombres de chicas	Frecuencia absoluta
	Total	220.239	Total	206.064
1	Hugo	5.121	Lucía	5.161
2	Daniel	4.859	María	4.951
3	Pablo	4.494	Martina	4.380
4	Alejandro	4.116	Paula	4.210
5	Álvaro	3.670	Daniela	3.792
6	Adrián	3.463	Sofía	3.568
7	David	3.376	Valeria	3.246
8	Martín	3.181	Carla	3.138
9	Mario	3.067	Sara	3.116
10	Diego	3.000	Alba	3.111
11	Javier	2.531	Julia	3.107
12	Manuel	2.475	Noa	2.744
13	Lucas	2.446	Emma	2.479
14	Nicolás	2.319	Claudia	2.456
15	Marcos	2.244	Carmen	2.147
16	Leo	2.162	Marta	1.998
17	Sergio	2.138	Valentina	1.936
18	Mateo	2.107	Irene	1.902
19	Izan	1.947	Adriana	1.881
20	Álex	1.935	Ana	1.797

Fuente: Instituto Nacional de Estadística (ed.): *Apellidos y nombres más frecuentes.*

Las discordancias más relevantes con respecto a los 20 nombres más frecuentes de la población general española (Tabla 2) es la ausencia de nombres compuestos y advocaciones marianas.[11] Entre los nombres masculinos, además de una serie de nombres de popularidad continua desde hace décadas, como *Alejandro, Javier,*

---

11 Los nombres compuestos *Miguel Ángel, José Antonio, José Manuel* y *Francisco Javier* ocupan las posiciones 84, 88 y 98 de la lista de los 100 primeros, mientras que los nombres advocativos no aparecen.

Manuel, David, Daniel, Pablo, Álvaro, etc., se encuentran varias novedades de la década del 2010, como *Hugo, Leo, Izan* y *Álex*. Entre los nombres femeninos, además de los tradicionales *María, Carmen* y *Ana* aparecen como novedades en la lista de los 20 primeros del año 2010: *Noa, Valeria, Daniela* y *Adriana*.

La comparación de los 10 nombres más frecuentes entre los recién nacidos en las regiones autónomas monolingües muestra, al igual que los nombres de la población general (Tablas 4 y 5), una alta correlación:

Tabla 7: los 10 nombres masculinos más frecuentes en seis provincias españolas en 2014.

	Madrid	Castilla y León	Asturias	Murcia	Andalucía	Canarias
1	Daniel	Daniel	Martín	Pablo	Alejandro	Hugo
2	Pablo	Pablo	Hugo	Álvaro	Hugo	Diego
3	Hugo	Diego	Mateo	Daniel	Pablo	Pablo
4	Diego	Hugo	Pablo	Hugo	Daniel	Daniel
5	Alejandro	Mario	Lucas	Alejandro	Álvaro	Alejandro
6	Álvaro	Adrián	Diego	Antonio	Manuel	Álvaro
7	Adrián	Martín	Nicolás	David	David	Gabriel
8	Marcos	Alejandro	Daniel	Javier	Antonio	Adrián
9	Nicolás	David	David	Adrián	Javier	Dylan
10	David	Marcos	Alejandro / Adrián	Mario	Adrián	Lucas

Fuente: Instituto Nacional de Estadística (ed.): *Apellidos y nombres más frecuentes.*

Tabla 8: los 10 nombres femeninos más frecuentes en seis provincias españolas en 2014.

	Madrid	Castilla y León	Asturias	Murcia	Andalucía	Canarias
1	Lucía	Lucía	Lucía	María	María	Lucía
2	Sofía	Daniela	Sofía	Lucía	Lucía	Valeria
3	Paula	Valeria	Paula	Sofía	Martina	Valentina
4	María	Carla	Sara	Paula	Daniela	Sofía
5	Martina	Paula	Daniela	Daniela	Paula	Daniela
6	Daniela	Alba	Valeria	Martina	Carmen	Alba
7	Sara	Sofía	Carla	Valeria	Valeria	Martina
8	Valeria	Sara	Alba	Marta	Julia	Paula
9	Alba	Martina	Martina	Elena	Marta	María
10	Carla	María	Vera	Carmen / Sara	Alba	Carla

Fuente: Instituto Nacional de Estadística (ed.): *Apellidos y nombres más frecuentes.*

Por el contrario, el conjunto de los nombres de los recién nacidos en las regiones autónomas multilingües se diferencia claramente en el caso del País Vasco: *Markel, Iker, Jon, Ibai, Aimar, Ander, Oier, Julen, Unai, Mikel / Ane, June, Nahia, Irati, Uxue, Laia, Noa, Haizea, Nora, Lucía*. En Cataluña, los 10 nombres masculinos más frecuentes actualmente presentan una marca regional algo más fuerte que los nombres femeninos: *Marc, Àlex, Pol, Èric, Martí, Jan, Biel, Hugo, Pau, Arnau / Martina, Júlia, Laia, Maria, Paula, Lucía, Carla, Emma, Noa, Aina*. La situación en Galicia (*Martín, Mateo, Hugo, Pablo, Daniel, Nicolás, Manuel, Diego, Adrián, Leo / Noa, Daniela, Sara, Martina, Lucía, Sofía, Paula, Alba, Carla, María*) apenas se aleja de los 10 nombres más frecuentes del conjunto de las regiones monolingües.[12]

3.1.2.2.2. México

El Instituto Nacional Electoral (INE) mexicano publica en su sitio web listas de los nombres personales más frecuentes a nivel nacional y también en los 32 estados federales, donde las cadenas onímicas completas de los hombres y de las mujeres se incluyen en las estadísticas. Las combinaciones más frecuentes a nivel nacional en el año 2015 se producen con los nombres *Juan, Juana, María, José* y *Francisco*, y los apellidos *Hernández Hernández*. El nombre *Juan Hernández Hernández* se registró en total 2.943 veces. La siguiente tabla muestra los nombres personales más frecuentes correspondientes a cada estado federal mexicano:

Tabla 9: los nombres completos más frecuentes en los estados federales de México (fecha: 15.4.2015).

	Estado federal	Nombres personales completos más frecuentes	Frecuencia absoluta
1	Aguascalientes	José de Jesús Martínez Martínez	20
2	Baja California	José Luis García García	31
3	Baja California Sur	Guadalupe Ceseña Ceseña	8
4	Campeche	María del Carmen López Hernández	14
5	Coahuila	José Luis Martínez Hernández	32
6	Colima	María Guadalupe García García	10

---

12 La orientación hacia los nombres con carácter regional se hace patente en las comunidades autónomas plurilingües de España ya desde los años 80 del siglo XX tras la correspondiente modificación legislativa de 1977. Hafner (2004: 216–217) constata que durante el período comprendido entre 1968 y 1982, en el País Vasco y Cataluña van surgiendo nombres vascos y catalanes respectivamente, mientras que en Galicia la situación no se altera.

Estado federal		Nombres personales completos más frecuentes	Frecuencia absoluta
7	Chiapas	María Pérez Pérez	1.015
8	Chihuahua	Guadalupe González González	30
9	Distrito Federal	José Luis Hernández Hernández	135
10	Durango	María Gudalupe Rodríguez Hernández	18
11	Guanajuato	María Guadalupe Hernández Hernández	75
12	Guerrero	Guadalupe García García	42
13	Hidalgo	Juan Hernández Hernández	699
14	Jalisco	María Guadalupe González González	100
15	México	Juan Hernández Hernández	322
16	Michoacán	José García García	66
17	Morelos	Juan García García	15
18	Nayarit	María Carrillo de la Cruz	13
19	Nuevo León	José Hernández Hernández	123
20	Oaxaca	María XX López	108
21	Puebla	Guadalupe Hernández Hernández	132
22	Querétaro	María Guadalupe Hernández Hernández	55
23	Quintana Roo	Guadalupe Hernández Hernández	15
24	San Luis Potosí	Juan Hernández Hernández	179
25	Sinaloa	Guadalupe López López	36
26	Sonora	Guadalupe Valenzuela Valenzuela	33
27	Tabasco	Guadalupe Hernández Hernández	148
28	Tamaulipas	Juan Hernández Hernández	87
29	Tlaxcala	Alejandro Hernández Hernández	34
30	Veracruz	Juan Hernández Hernández	452
31	Yucatán	Manuel Jesús Chan Chan	11
32	Zacatecas	Manuel Martínez Martínez	20

Fuente: Instituto Nacional Electoral (ed.): *Estadísticas Lista Nominal y Padrón Electoral*.

Según esta tabla, estos son los componentes correspondientes a los nombres de pila más frecuentes en México: los nombres masculinos *José Luis, José de Jesús, José, Juan, Alejandro, Jesús* y *Manuel*, y los nombres femeninos *Guadalupe, María Guadalupe* y *María del Carmen*.

Las listas de los 20 nombres completos más frecuentes en los estados federales mexicanos (Instituto Nacional Electoral (ed.): *Estadísticas Lista Nominal y Padrón Electoral*) dan como resultado la siguiente sinopsis de los nombres más frecuentes en Ciudad de México, así como en estados seleccionados en el centro, noroeste, norte y sureste de México:

Tabla 10: *nombres masculinos y femeninos más frecuentes como componentes de los nombres completos más frecuentes en la capital y en cincos estados mexicanos.*

Distrito Federal	Baja California	Chihuahua	Hidalgo	Tlaxcala	Yucatán
Nombres masculinos					
José Luis	José Luis	Jesús	Juan	Alejandro	Manuel Jesús
Juan	Antonio	José Luis	José	José Luis	Francisco
Miguel Ángel	Juan	Francisco	Francisco	Pedro	José Antonio
Javier	Miguel Ángel	Juan Carlos	Antonio	Juan Carlos	Miguel Ángel
Carlos	Roberto	Juan	Pedro	Juan	Víctor Manuel
José	Jesús	Manuel	Nicolás	Miguel Ángel	
Alejandro	Javier		Juan	Daniel	
Antonio	Francisco			Jorge	
Francisco				Felipe	
Juan Carlos				Antonio	
Pedro					
Jesús					
Nombres femeninos					
María Guadalupe	Guadalupe	Guadalupe	María Antonia	Verónica	María del Socorro
Guadalupe	María de Jesús	María	María Concepción	Guadalupe	Margarita
Juana			María Guadalupe	Margarita	Rosa María
María del Carmen			María Magdalena	María Guadalupe	María Isabel
Margarita			Juana	Rosa	María Guadalupe
Verónica			María	Elisabeth	Ana María
Juana			María Juana	Patricia	
			Margarita		
			María Francisca		
			Francisca		
			Guadalupe		
			María Agustina		
			María Isabel		

Fuente: Instituto Nacional Electoral (ed.): *Estadísticas Lista Nominal y Padrón Electoral.*

Tanto en la capital como en los cinco estados seleccionados, *José Luis* y *(María) Guadalupe* corresponden claramente a los nombres más frecuentes. Es reseñable la gran coincidencia entre los nombres masculinos más frecuentes de la población general española y mexicana (*José Luis, Juan, Antonio, Francisco, Alejandro, Miguel Ángel*). Por el contrario, las listas de los nombres femeninos más frecuentes en España y México muestran más desviaciones entre sí.

Los datos del Registro Nacional de Población de México (RENAPO) con respecto a la frecuencia de nombres de pila solo pueden obtenerse de manera indirecta a partir de los artículos en línea, como la siguiente lista de los 30 nombres masculinos y femeninos más frecuentes en México entre 1930 y 2008:

Tabla 11: los 30 nombres masculinos y femeninos más frecuentes en México entre 1930 y 2008 según los datos del RENAPO.

	Nombres masculinos	Nombres femeninos
1	José Luis	María Guadalupe
2	Juan	María
3	Miguel Ángel	Juana
4	José	María del Carmen
5	Francisco	Margarita
6	Jesús	Verónica
7	Antonio	Elizabeth
8	Alejandro	Alejandra
9	Pedro	Leticia
10	Juan Carlos	María Elena
11	Manuel	Gabriela
12	Ricardo	María de los Ángeles
13	Daniel	Patricia
14	Fernando	Josefina
15	Jorge	María de Jesús
16	Roberto	Rosa María
17	Carlos	Rosa
18	Francisco Javier	Alicia
19	Eduardo	Teresa
20	Javier	Francisca
21	Miguel	Adriana
22	Martín	Yolanda
23	Rafael	Martha
24	Marco Antonio	María Isabel
25	José Antonio	Silvia

	Nombres masculinos	Nombres femeninos
26	Raúl	Ana María
27	Arturo	María del Rosario
28	David	Gloria
29	Gerardo	Araceli
30	Juan Manuel	María Luisa

Fuente: Babycenter.com (ed.): *Los nombres más frecuentes en México desde 1930.*

Entre los nombres propios más frecuentes de los recién nacidos en el año 2013 se encuentran, según el RENAPO, los siguientes nombres masculinos y femeninos:

Tabla 12: los 10 nombres masculinos y femeninos más frecuentes entre los recién nacidos en México en 2013 según los datos del RENAPO.

	Nombres masculinos	Nombres femeninos
1	Santiago	Ximena
2	Mateo	María José
3	Diego	Valentina
4	Miguel Ángel	María Fernanda
5	Emiliano	Valeria
6	Sebastián	Sofía
7	Leonardo	Camila
8	José Ángel	Regina
9	Jesús	Renata
10	Alejandro	María Guadalupe

Fuente: s. a. 2014c.

Al contrario que en España, los nombres propios compuestos y las advocaciones tradicionales siguen siendo populares en México. Junto con los tradicionales *Miguel Ángel, Jesús, Alejandro, María José* y *María Guadalupe* se incluyen entre las principales novedades del siglo XXI *Santiago, Mateo, Diego, Emiliano, Sebastián, Leonardo, Ximena, Valentina, Valeria, Sofía,* etc. El nombre femenino *Ximena* probablemente debe su ortografía con <x> (para el fonema /x/) a una marca regional característica de México (o al menos inusual en España),[13] véase *México, Oaxaca,* etc.

---

13 El nombre femenino *Jimena* se encuentra en el puesto 46 de la lista de los 100 nombres de pila más frecuentes entre los recién nacidos en España en 2014; la variante *Ximena* no aparece (Instituto Nacional de Estadística (ed.): *Apellidos y nombres más frecuentes*).

3.1.2.2.3. Otros países hispanohablantes

Las instituciones argentinas como el Instituto Nacional de Estadística y Censos y los registros civiles propios de cada provincia no disponen de ninguna lista de frecuencia de nombres y apellidos en sus sitios web. En la prensa en línea pueden encontrarse, entre otras cosas, datos del Registro Civil de Buenos Aires con respecto a los nombres más frecuentes de los recién nacidos en el año 2014, donde se estiman los registros de nacimientos de los primeros 11 meses del año:

Tabla 13: los 10 nombres masculinos y femeninos más frecuentes entre los recién nacidos en Buenos Aires en 2014 según los datos del Registro Civil de Buenos Aires.

	Nombres masculinos	Nombres femeninos
1	Thiago	Sofía
2	Benjamín	Martina
3	Juan	Valentina
4	Santino	Mía
5	Mateo	Isabella
6	Joaquín	María
7	Bautista	Zoe
8	Santiago	Catalina
9	Tomás	Emma
10	Felipe	Alma

Fuente: Castro 2015.

El nombre de *Sofía* ocupa el primer puesto de las listas de frecuencia ya desde 2010. El nombre de *Thiago*, procedente de la abreviatura de *Santiago* en portugués (véase: Becker 2009a: 585), fue otorgado a 1.140 niños (el 3,36 % de los recién nacidos en Buenos Aires, y *Sofía* a 1.031 niñas (el 3,42 % de las recién nacidas) (Castro 2015).

El Registro Civil central de Chile publica en su sitio web listas de los 50 nombres masculinos y femeninos más frecuentes entre los recién nacidos entre el 2000 y el 2010. A continuación, se ofrecen las listas de los 10 primeros nombres del año 2010:

Tabla 14: los 10 nombres masculinos y femeninos más frecuentes entre los recién nacidos
en Chile en 2010.

	Nombres masculinos	Nombres femeninos
1	Benjamín	Martina
2	Vicente	Sofía
3	Martín	Florencia
4	Matías	Valentina
5	Joaquín	Isidora
6	Agustín	Antonella
7	Cristobal	Antonia
8	Maximiliano	Emilia
9	Sebastián	Catalina
10	Tomás	Fernanda

Fuente: RegistroCivil.cl (ed.): *Nombres más comunes.*

En el sitio web de la Registraduría Nacional de Colombia hay, entre otras, listas de los 10 nombres masculinos y femeninos más frecuentes entre los recién nacidos entre los años 2000 y 2010:

Tabla 15: los 10 nombres masculinos y femeninos más frecuentes entre los recién nacidos en
Colombia entre los años 2000 y 2010.

	Nombres masculinos	Nombres femeninos
1	Santiago	Valentina
2	Sebastián	Mariana
3	Alejandro	Daniela
4	Nicolás	Natalia
5	Samuel	Valeria
6	Daniel	Isabella
7	Mateo	Sofía
8	Alexander	Manuela
9	Esteban	Juliana
10	David	Alejandra

Fuente: Registraduría Nacional del Estado Civil 2010.

La comparación de las listas de los 10 primeros nombres entre los recién nacidos demuestra que únicamente pocos nombres reflejan un carácter regional, como *Santino* y *Bautista* en Argentina, *Isabella* en Argentina y Colombia y *Antonella* en Chile; todos de origen italiano. Una serie de nombres son muy populares en al menos tres países: *Alejandro* (España, México y Colombia), el nombre «hispánico» *par exellence María* (España, México y Argentina), *Martina* (España, Argentina y Chile), *Sofía* (España, México, Argentina, Chile y Colombia), *Valeria* (España, México y Colombia) y *Valentina* (México, Argentina, Chile y Colombia). La inmensa mayoría de los nombres anteriormente mencionados son de la etimología latino-romana, griega y semítico-bíblica. Las excepciones son *Hugo, Álvaro, Leonardo, Carla* y *Fernanda*, de etimología germánica, además de *Diego* y *Ximena*, probablemente de etimología prerromana.

3.1.2.3. Motivación de los nombramientos y onomástica popular

En la era de la libertad de imposición de los nombres (Nübling et al. 2012: 115–116), por regla general los padres toman la decisión de qué nombre(s) llevará su hijo/a recién nacido/a. Sobre los criterios de elección del nombre, en la literatura científica se adoptan con frecuencia presunciones que, en ausencia de investigaciones empíricas, no se pueden demostrar. Parece plausible, por ejemplo, que el nombre de *Leonardo* (en séptima posición en la lista de los 10 primeros nombres entre los recién nacidos en México en 2013, véase la Tabla 12) se elija debido sobre todo a su presencia mediática (véase *Leonardo* DiCaprio). No obstante, mientras que no existan datos empíricos, queda por determinar si otros factores (como la percepción del nombre como eufónico, típicamente italiano o internacional; el nombramiento por *Leonardo* da Vinci; el gusto por la etimología germana y la historia del nombre o los relatos correspondientes, etc.) juegan, en muchos casos concretos, un papel al menos igual de importante. Pueden obtenerse datos directos sobre los motivos de la elección y la percepción de los nombres simples mediante entrevistas a los impositores y portadores de los nombres, aunque metódicamente hablando sería complejo y laborioso (Nübling et al. 2012: 118, véase Aldrin 2014 y el estudio a largo plazo *Das Image von Namen* de Bielefeld 2014). Entre las posibles fuentes de investigación onomástica todavía por descubrir se encuentran numerosas discusiones en línea de acceso público que revelan el proceso de búsqueda de los nombres para los bebés o las diversas opiniones sobre los nombres. A continuación, se analizan, a modo de ejemplo, comentarios seleccionados de la sección de foros del portal internacional *aufemenin.com* con contenido metonímico con el fin de destacar el potencial de estos datos primarios para análisis cualitativos.

El portal *aufemenin.com* ofrece desde 1999 más de 40 sitios web y blogs sobre las temáticas: moda y belleza, amor y psicología, maternidad, horóscopo, etc., dirigidos al público femenino. En marzo de 2015, con la incorporación de múltiples idiomas, entre ellos francés, italiano, español, alemán, inglés, etc., el portal registró 42 millones de visitas por mes (Aufemenin.com (ed.), *Accueil*). En la sección abierta al público de la página web en español pueden encontrarse bajo la palabra clave «nombres» numerosos hilos con los siguientes títulos (fecha: mayo de 2016): «Leo o Leonardo» (6 respuestas), «¿qué os parece el nombre de niño aimar?» (13 respuestas), «Nombres clásicos pero poco oídos» (18 respuestas), «Son gemelas … 2 nombres!!» (28 respuestas), «Nombres que nos han conquistado por la tele o libros» (28 respuestas), «Nombres raros, originales, poco comunes de distintos idiomas para niños» (33 respuestas), «¿tan feo es mi nombre? ☺» (36 respuestas), «Nombres unisex» (45 respuestas), «¿qué os parece noa/noah para niña?» (79 respuestas), «Nombres canarios…» (90 respuestas), «Pongan sus favoritos 5 nombres de niña e niños» (223 respuestas), «Nombres y significados» (335 respuestas), etc. Los títulos de los hilos mencionados manifiestan la amplia paleta de temas del discurso popular metaonímico en el portal estudiado. Los cuatro comentarios siguientes confirman la presuposición de que las fuentes y los métodos de la «netnografía» observante (véase Janowitz s. a.) pueden proporcionar una profunda perspectiva del proceso para encontrar un nombre:

Figura 1: comentario «Grimanesa» en el hilo «Nombres canarios» (Enfemenino.com (ed.): foro: Nombres canarios).

Grimanesa
por: aurembiaix

La escritura correcta del nombre es Grimanesa, con una sola S. Si lo buscas así encontrarás referencias a María Grimanesa, citada en diversas fuentes históricas. Lo del significado "amanecer gris" es totalmente fantástico (como tristemente suele pasar con los significados que se atribuyen a los nombres guanches).

Existe también el nombre Grimanesa (escrito Grimanessa en la obra Duocento novelle [1609], del escritor italiano Celio Malespini), de tradición literaria (aparece en el Amadís de Gaula), fue usado en Europa durante bastante tiempo y actualmente sigue siéndolo en Portugal y en América del Sur. En su uso en América influyó la figura de Grimanesa de Mogrovejo, hermana de San Toribio de Mogrovejo, arzobispo de Lima, y esposa de Francisco de Quiñónez, gobernador de Chile.

Aurembiaix
http://onomstica.mailcatala.com

enviado el 23/01/07 a las 18:29

Figura 2: comentario «Izam» en el hilo «Ayuda con estos nombres…ethan/izan, irune/ istar» (Enfemenino.com (ed.): foro: Ayuda con estos nombres…ethan/izan, irune/istar*).*

Izam
por: alhendin

Tengo un niño de 5 años y se llama Izam. Yo traduje al español el típico inglés Ethan, que ni siquiera es inglés, porque me tiré 9 meses buscándolo y la única referencia que tengo es hebrea. Significa "poderoso" "vigoroso" y a mi me encanta desde una serie de TV que se llamaba TREINTA Y TANTOS ¿la recordais? Había un pelirojo que se llamaba así y me encantaba como sonaba. Al españolizarlo cambié la "n" final por "m" porque al revés dice nazi y no quería que en el cole mi hijo tuviese problemas, pero me parece un nombre con un sonido maravilloso.
Si ponía el original, siempre debía estar deletreando para que lo escríbieran bien, pero vivo en Canarias y como aquí se sesea al final también tengo que deletrearlo para que lo escriban bien.
Gracias y un beso.

enviado el 29/10/08 a las 13:51

Figura 3: comentario «Mi nombre es genial» en el hilo «¿tan feo es mi nombre? ☺»
(Enfemenino.com (ed.): foro: ¿tan feo es mi nombre? ☺).

Mi nombre es genial

pejipiji

Yo me llamo así, Rebeca, y me encanta.
He trabajado en atención telefónica y no te imaginas cuanta gente me ha dicho que tengo un nombre precioso... Por eso siempre me he preguntado porqué casi nadie se lo pone a sus hijas si les parece tan bonito. Creo que la respuesta me la dió mi madre que me contó que cuando mi padre llegó y le dijo que me había puesto Rebeca (sin decirle nada antes) no le gustó nada porque le parecía un nombre muy fuerte para un bebé. Me parece que ése es el caso, cuando piensas en un bebé buscas un nombre dulce y suave pero hay que pensar también que ese bebé crecerá y seguirá con el mismo nombre. A mi mami ahora sí le gusta y yo creo que este nombre me va perfecto porque tiene fuerza y personalidad propia.
En cuanto a que le llamen Rebe, Keka o Becky pues sí, no tiene nada de malo y a cada uno le gusta uno. A mí lo de Keka no me va ni me lo han dicho nunca y lo de Becky lo odio (cuando me llamaban así no contestaba así que hoy día nadie lo hace)pero me encanta cuando me llaman Rebe porque solo lo hacen las personas que me quieren o muy cercanas, es como un mimo. Para los demás soy Rebeca y repito que me encanta.
A mi hija no se lo pondré porque no me gusta repetir.

enviado el 2/05/07 a las 20:27

Figura 4: comentario inicial del hilo «Leo o Leonardo» (Enfemenino.com (ed.): foro: Leo o leonardo).

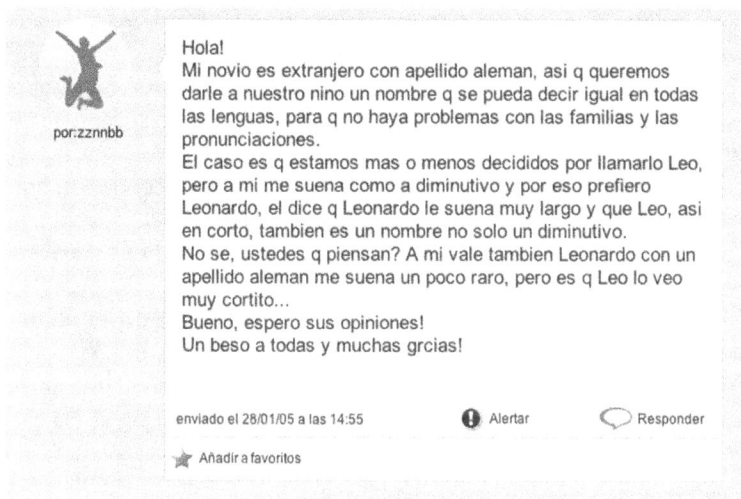

> Hola!
> Mi novio es extranjero con apellido aleman, asi q queremos darle a nuestro nino un nombre q se pueda decir igual en todas las lenguas, para q no haya problemas con las familias y las pronunciaciones.
> El caso es q estamos mas o menos decididos por llamarlo Leo, pero a mi me suena como a diminutivo y por eso prefiero Leonardo, el dice q Leonardo le suena muy largo y que Leo, asi en corto, tambien es un nombre no solo un diminutivo.
> No se, ustedes q piensan? A mi vale tambien Leonardo con un apellido aleman me suena un poco raro, pero es q Leo lo veo muy cortito...
> Bueno, espero sus opiniones!
> Un beso a todas y muchas grcias!

por:zznnbb

enviado el 28/01/05 a las 14:55   🅙 Alertar   ⭕ Responder

⭐ Añadir a favoritos

Mediante estos ejemplos se puede determinar que un análisis de las conversaciones metaonímicas en línea[14] puede responder empíricamente muchas de las preguntas abiertas hasta ahora sobre la motivación de los nombramientos, la onomástica popular y, cuando sea oportuno, de la pragmática de los nombres, por ejemplo:

- ¿Qué papel juega la etimología en la asignación de los nombres? La usuaria con el apodo «alhendin» (Figura 2) determinó, tras una búsqueda de nueve meses, que *Ethan*, nombre del que deriva la forma *Izam*, debe ser «un nombre inglés típico» de etimología hebrea con el significado de «poderoso, vigoroso». En cualquier caso, la búsqueda de la etimología surgió porque a la usuaria le gustó el nombre de un protagonista de una serie de televisión.
- ¿Qué conocimientos poseen los usuarios sobre la historia de los nombres simples? La usuaria «aurembiaix» menciona varios personajes históricos y figuras literarias con el nombre *Grimanesa* (Figura 1) y se muestra crítica con el significado de «amanecer gris» proporcionado por otras usuarias del foro.

---

14 Con respecto al análisis de corpus en línea, véase Fraas / Pentzold 2008. Con respecto a las identidades en línea, véase Androutsopoulos 2006 y Döring 2010. Finalmente, con respecto a los métodos de la lingüística del discurso, véase Spitzmüller / Warnke 2011.

- ¿Qué nombres se consideran «inapropiados para un bebé»? La usuaria con el apodo «pejipiji» (Figura 3) informa sobre la reacción negativa de su madre a la iniciativa en solitario de su padre, quien registró a una hija recién nacida con el nombre de *Rebeca*. A la madre este nombre le pareció «muy fuerte para un bebé». Según «pejipiji», un bebé evoca «un nombre dulce y suave»; no obstante, se debe pensar en que el bebé también va a tener que llevar ese nombre de adulto.
- ¿Qué actitudes muestran los usuarios hacia ciertos hipocorísticos de nombres particulares? Según la usuaria «pejipiji» (Figura 3), *Rebe*, *Keka* y *Becky* son hipocorísticos frecuentes de su nombre, *Rebeca*. Ella prefiere *Rebe*, tiene una actitud neutral hacia *Keka* y negativa hacia *Becky*.
- ¿A qué figuras literarias o protagonistas cinematográficos se deben las denominaciones? La usuaria «alhendin» (Figura 2) menciona el título español de la serie de televisión estadounidense «Thirtysomething» como fuente de inspiración para el nombre de su hijo. *Izam* sería una traducción al español del nombre *Ethan*.
- ¿Qué especificidades regionales deben tenerse en cuenta en el análisis de la motivación del nombramiento? En el hilo «nombres canarios» se clasifica como «canario» el nombre de pila *Grimanesa* (Figura 1) junto con otros nombres varios.
- ¿Por qué motivo se modifican los nombres corrientes de manera creativa? La usuaria «alhendin» (Figura 2) modificó la forma del nombre de niño ampliamente extendido *Izan* (posición 10 en la estadística española de los nombres más frecuentes entre los recién nacidos en 2014) a *Izam* tras haber comprobado que al invertir el orden de las letras se obtiene la palabra «nazi». De esta manera quería evitar a su hijo posibles problemas en la escuela.
- ¿Qué nombres se consideran internacionales en las familias binacionales? La usuaria «zznnbb» (Figura 4) está buscando un nombre internacional para su hijo porque su pareja es un «extranjero con apellido alemán» y quiere un nombre que resulte fácil de pronunciar «en todas las lenguas». Desde su punto de vista *Leo* o *Leonardo* son aptos para este fin.
- ¿En qué fases consiste el proceso de nombramiento y qué acciones caracterizan cada una de ellas (véase Aldrin 2014)? El comentario inicial del hilo «Leo o Leonardo» (Figura 4) proporciona un claro ejemplo de la fase de prueba del proceso de nombramiento: «a phase of testing when parents test how well the name suits the child or explore others' reactions to the name» (Aldrin 2014: 394). La usuaria explica la problemática de la elección del nombre para su hijo (*Leo* le parece demasiado corto, así que prefiere el nombre *Leonardo*) y pide la opinión de las otras usuarias del foro.

3.2. Apellidos

3.2.1. Evolución y composición etimológico-semántica

Desde comienzos del siglo V, la mayoría absoluta de los ciudadanos del imperio romano llevaban un solo nombre individual (Kajanto 1990: 61). También en el período de transición entre la Antigüedad y la Alta Edad Media (siglos V–VI) y en la Alta Edad Media (siglos VI–IX) predominó en Europa occidental esta costumbre, que fue la norma en la península ibérica hasta los siglos XI–XII. A partir de la documentación medieval más temprana, que se restablece a finales del siglo VIII en el transcurso de la Reconquista, las personas podían ser identificadas de manera precisa a través de los datos de filiación o parentesco, localización o propiedad inmobiliaria, actividad profesional y clase social. Véanse los siguientes documentos en los que las personas con el mismo nombre se definen con mayor precisión: Rudesindus diaconus *de Mendunendo* sede ... item Rudesindus *filius Guterri* a.919; domna Gutina ... alia domna Gutina *filia Albaro* a.985; Pelagio Cidiz ... alio Pelagio Cidiz *de Asturias* a.1068. La utilización continuada de estos datos junto con el nombre personal pudo convertirlos en sobrenombres fijos.

La mayoría de los apellidos hispánicos actuales se remontan a adiciones onímicas medievales. Los datos de filiación, el tipo de adición onímica más frecuente en la Edad Media, evolucionaron hasta dar lugar al tipo más extendido de apellido, véase *García, Martínez, Fernández, González, Rodríguez, López, Sánchez, Pérez, Gómez*, etc. (Kremer 2004: 19). Además del sufijo patronímico -'*iz*, muy frecuente en cualquier época, con sus variaciones -*z*, -*oz*, -*zu*, -*eiz*, -*oiz*, hoy en día -'*ez*, -*oz* (Rodericus *Fernandiz* a.915, Alvaro *Garceiz* a.971, domna Anderegoto *Semenoitz* a.1105), se podía posponer los nombres paternos al nombre (Dominico *Christoforo* / Dominico Christoforiz a.1065, Alvaro Didaz a.1013 / Alvaro *Didaco* a.1029), utilizar el genitivo latino (Adefonsus *Auellini* a.905, Didaco *Azenari* a.1076) o añadir la fórmula precedente *filius* / *proles* (Doretea *filia* Gundisalui a.1045, Gundisaluo *prolis* Luz a.1091) (Becker 2009a: 38–39).

Los datos de localización, entre ellos los nombres de ciudades, pequeñas localidades y bienes inmuebles, se utilizaban por regla general con la preposición *de*: Nunno Alvaro *de Castella* a.1016, Uela Fierez *de Burgos* a.959, Daniel presbiter *de Coianka* a.941, Alvaro Fortunez *de villa Afovare* a.1051 (Becker 2009a: 42–43). Los datos de localización y gentilicios originan la segunda categoría de los apellidos hispánicos, es decir, los apellidos toponímicos: *Español, Aragonés, Toledo, Sevilla, Almagro, Aranjuez, Barrio, Villa, Villar, Torres, Castro, Corral, Iglesia, Barranco, Fuentes, Monte, Valle, Roca, Perales, Manzanares, Fresneda*, etc. (Faure et al. 2001: XXIV–XXV).

A partir de los datos de actividad profesional y clase social que en la tradición medieval definían a los representantes de los estratos superiores (Cagido *presbiter* a.773, Iuniz *notarius* a.864, Furtun Cite *alcalde* a.1036), se desarrolló la categoría semántica de los apellidos formados por títulos profesionales: *Abad, Sacristán, Conde, Hidalgo, Alférez, Escribano, Herrero, Molinero, Sastre, Pastor, Vaquero, Caminero, Pedrero,* etc. (Faure et al. 2001: XXVII). Los oficios artesanales (Kezino *carpentario* a.942, Gonzalvo *piscatore* a.1044) y las características del portador del nombre (Maria cognomento *Redonda* a.1059, Belasco *Calvo* a.1034, Petro *Esquierdo* a.1197, Pelagius *Millesolidos* a.1150) aparecen raramente en relación con los nombres propios en la tradición medieval, lo cual con toda seguridad se explica debido a la reducida presencia de los no aristócratas en la comunicación jurídica (Becker 2009a: 45). Desde el siglo XII, los sobrenombres delexicales, es decir, extraídos del vocabulario cotidiano, son cada vez más visibles y de ellos deriva una gran cantidad de apellidos actuales. Entre las categorías semánticas más importantes de los sobrenombres delexicales que se convirtieron en apellidos extendidos cabe mencionar las siguientes: características corporales o personales (*Curto, Chico, Gordo, Izquierdo, Crespo, Hermoso, Blanco, Rojo*), designaciones de partes del cuerpo (*Barba, Barriga, Cabeza*), vestimentas (*Zapata, Correa*), objetos (*Cuchillo, Machado, Espada, Carro*), animales (*Abeja, Gallina, Perro, Porco, Toro, Zorro*), plantas (*Cebolla, Hinojo, Puerro*) y alimentos (*Harina, Leche, Pimienta*) (Kremer 1992: 470–471).

La herencia de sobrenombres, entre ellos sobrenombres delexicales, data de los siglos XII–XIII. La moda de nombres específicos que condujo a un empobrecimiento del repertorio antroponímico, la explosión demográfica (véase Kremer 1970–1982: §1, A.10; Kremer 1980: 102–103 y Kremer 1992: 463), la creciente importancia de la línea de sucesión y la afiliación familiar y otros cambios sociopolíticos como la creciente feudalización (Bourin 2002: 13) se encuentran entre las principales causas del cambio onímico radical: la formación de apellidos hereditarios. Sin duda, la necesidad —debida al desarrollo del sistema administrativo— de registrar a las personas en documentos de manera precisa, también jugó un papel (Brendler / Kouznetsova 2007: 730). Los casos de tradiciones familiares claras surgen al principio de manera esporádica, véase Pero *Fernandez* fijo de Pero *Fernandez* a.1253 (Kremer 1992: 466), mientras que la formación espontánea de patronímicos todavía era posible: Martin *Perez* fiio de don Pero el couo a.1262, don Diego *Lopez* fijo de Lope Dias el Chico a.1342 (Kremer 1992: 465). En algunos casos, en el listado de varios miembros de la familia, solo el hijo mayor lleva un sobrenombre: ego Uelascus una cum filiis meis, scilicet Iohannes *de Sancta Marta*, Bartholomeus, Lupus, Columba a.1226 (Kremer 1992: 466).

La causa de la aparición del sistema español de nombres dobles, es decir, la combinación de los apellidos del padre y de la madre, se debe aparentemente a la necesidad de «conservación de la correspondiente casa ancestral o tradición familiar en el nombre del heredero principal» (Kremer 1992: 467, traducción de L. B.). Entre otras causas posibles, se mencionan la homonimia de numerosos patronímicos con -ez y la influencia árabe-semítica (Moreu-Rey 1989, citado en Kremer 1992: 460).

El decreto del Concilio de Trento con respecto a la enumeración de los nombres en el registro parroquial en el momento del matrimonio y del bautizo dio lugar a una «solidificación del sistema característico del apellido doble» a partir del siglo XVI (Kremer 1992: 460, traducción de L. B.). No obstante, puesto que no se establecieron formas exactas de los nombres, el uso fluctuó fuertemente hasta la primera regulación legal (1879), por lo que el orden de sucesión de los apellidos no era fijo; los hijos de una misma familia podían tener apellidos distintos y los apellidos de dos generaciones no tenían que coincidir, por ejemplo: Pedro *Martin Xuarez*, hijo de Pedro *Martin* y Elbira *Xuarez*, frente a Francisco *Hernandes* y Ana *Garçia*, hijos de Francisco *Garçia* y Teresa *Hernandes* a.1586, Adam *Perez* fiio de Miguel *Domingo* a.1326 (Kremer 1992: 467).

En los primeros siglos después de la colonización, numerosos apellidos españoles se expandieron por el Nuevo Mundo. Las personas de ascendencia indígena a menudo posponían su nombre original al nombre cristiano otorgado en el bautismo, por ejemplo: Baltasar *Fanchafue*, Francisco *Callajui* y Diego *Viltipoco*, nombres de caciques indígenas en el noroeste de Argentina en el siglo XVII (Bustos Argañarás 2014: 18). En Perú, el uso oficial de los nombres y los sobrenombres se reguló en el Concilio de Lima de 1583 de la siguiente manera:

> Para que se eviten los yerros... totalmente se les quite a los yndios el usar de los nombres de su gentilidad e ydolatría y a todos se les ponga nombres en el baptismo cuales se acostumbran entre christianos [...] Mas los sobrenombres para que entre sí se diferencien, procurense que los varones procuren los de sus padres, las mugeres los de sus madres. (Capítulo 11: «De los nombres de los yndios», cita de Medinaceli 2003: capítulo «Lectura desde la historia», s. p.)

Tales sobrenombres servían, por tanto, explícitamente, el propósito de la identificación precisa de las personas con el mismo nombre, donde hombres y mujeres llevaban respectivamente el nombre de sus padres y madres como sobrenombre. No obstante, en la mayoría de los casos, la herencia de los mismos no ocurría ya que las siguientes generaciones adoptaban apellidos españoles. Por ejemplo, en un documento de 1732 en Córdoba (Argentina) una persona se llama tanto *Agustín Macacotabi*, con un sobrenombre indígena, como *Agustín de Peralta*, y sus hijos llevan en el mismo texto únicamente el sobrenombre *de Peralta* (Bustos Argañarás 2014: 19). En la segunda mitad del siglo XVIII, los sobrenombres de origen indígena como *Cabiltuna, Chilote, Ucucha, Calilián, Yanguerca, Chiquillán, Tulián, Miebiec,* etc., constituyen una excepción en la documentación jurídica centroargentina, mientras que en el noroeste del país se desarrolla una serie de apellidos hereditarios: *Sigampa, Campillay, Chanampa, Millicay, Aballay, Alive, Tarcaya, Chancalay, Chaile, Samaya,* etc. (Bustos Argañarás 2014: 19). En Bolivia y Perú se han empleado hasta hoy en día los siguientes apellidos de origen indígena (quechua y aimara): *Quispe, Vilca, Huanca, Condori, Apaza, Mamani, Ayaviri, Caquiaviri,* etc. (Bustos Argañarás 2014: 20). En Bolivia, algunos apellidos de etimología aimara se hispanizaron, por ejemplo *Wituya* se transformó en *Bedoya, Quispe* en *Gisbert* y *Guarachi* en *Guachalla* (Medinaceli 2003: capítulo «Lectura semántica», s. p.).

En la tradición, los esclavos llevan por lo general un nombre bautismal cristiano que, normalmente, suele ir seguido de un sobrenombre, por ejemplo, los esclavos Agustín *Tutu,* Antonio *Alcaldero,* Juan *Pandy,* Juan *Canbundo,* Antón *Zuqui,* Antonio *Moncholo,* Francisco *de Cala* e Isabel *Mesra* en un testamento de 1633 en Córdoba (Argentina) (Bustos Argañarás 2014: 21). Tales sobrenombres, convertidos en ocasiones en apellidos, estaban compuestos en el Perú colonial por etnias (*angola, mandinga, carabalí, lucumí,* etc.), lugares de origen (*Biafra, Congo, Lima, Chiclayo,* etc.), denominaciones de procedencia o residencia (*limeño, panameño, chiclayano*), razas (*negro, mulato, zambo, pardo,* etc.) y otros datos identificativos (Cuba Manrique 2002: s. p.). Desde mediados del siglo XVIII, en Argentina los esclavos comenzaron progresivamente a llevar el apellido del propietario, por ejemplo: José Tomás *Baigorrí,* «mulato azambado», vendido en 1744 por su propietario Gabriel de *Baigorrí* (Bustos Argañarás 2014: 21).

Desde el siglo XVIII, se estableció en España el uso del primer apellido por parte del padre y la madre respectivamente. Pero sólo con la implantación del Registro Civil en el año 1870 y de la penalización legal por la utilización de un apellido no registrado, se excluyeron totalmente las excepciones del sistema de doble nombre (Brendler / Kouznetsova 2007: 734).

En el siglo XIX, en varios países de Hispanoamérica el repertorio de apellidos se amplió debido a la inmigración procedente de Europa. En Argentina, una proporción considerable de la población lleva apellidos de procedencia italiana. Cacia 2012 esboza, por ejemplo, la historia de varios apellidos de origen piamontés en la provincia de Santa Fe desde los años 80 del siglo XIX hasta hoy en día: *Balbi, Barbero, Baroni, Beltran, Costamagna, Ferrari, Ferrero,* etc.

3.2.2. Situación actual

3.2.2.1. Marco legal

3.2.2.1.1. España

En España, la imposición del apellido se regula en el capítulo I «Inscripción de nacimiento», sección 2.a «Contenido de la inscripción de nacimiento», artículos 49–57 del Registro Civil actualizado en 2011 de la siguiente manera:

> Artículo 49. *Contenido de la inscripción de nacimiento y atribución de apellidos.*
> 1. En la inscripción de nacimiento constarán los datos de identidad del nacido consistentes en el nombre que se le impone y los apellidos que le correspondan según su filiación. Constarán asimismo el lugar, fecha y hora del nacimiento y el sexo del nacido.
> 2. La filiación determina los apellidos.
> Si la filiación está determinada por ambas líneas, los progenitores acordarán el orden de transmisión de su respectivo primer apellido, antes de la inscripción registral. […]
> El orden de los apellidos establecido para la primera inscripción de nacimiento determina el orden para la inscripción de los posteriores nacimientos con idéntica filiación.
> En esta primera inscripción, cuando así se solicite, podrán constar la preposición «de» y las conjunciones «y» o «i» entre los apellidos, en los términos previstos en el artículo 53 de la presente Ley. (Agencia Estatal, Gobierno de España 2011)

El orden de los dos componentes del apellido se estableció por primera vez en el artículo 194 del Reglamento del Registro Civil de 1958: «apellido paterno es el primero del padre; materno, el primero de los personales de la madre aunque sea extranjera» (Fernández Pérez 2015: 28). Desde 1999 (Ley 40/1999), se permitió cambiar el orden de los apellidos a los padres o al portador del nombre mayor de edad (Fernández Pérez 2015: 28). Desde 2011, la madre y el padre pueden decidir libremente el orden antes de registrar el nacimiento en el padrón municipal; de este modo, la asignación tradicional del apellido paterno en primer lugar quedó definitivamente anulada. No obstante, todos los niños de un mismo linaje deben llevar apellidos idénticos, que se otorgarán tras el nacimiento del primer hijo. La posibilidad de las mujeres de conservar el apellido de soltera se estableció en el artículo 137 del Reglamento del Registro Civil de 1958 y permanece vigente hasta hoy: «La mujer casada se designará con sus propios apellidos, aunque usare el de su marido. La extranjera que, con arreglo a su ley personal, ostente el apellido de su marido, será designada con éste, pero se hará referencia, además, al apellido de nacimiento» (Agencia Estatal, Gobierno de España 2015).

3.2.2.1.2. *México*

En el Código Civil Federal mexicano de 1928, con su última modificación en 2013, se requiere la asignación obligatoria del primer apellido del padre («apellido paterno») en primer lugar, seguido del primer apellido de la madre:

> Artículo 58. El acta de nacimiento se levantará con asistencia de dos testigos. Contendrá el día, la hora y el lugar del nacimiento, el sexo del presentado, el nombre y apellidos que le correspondan [...]
>
> En los casos de los artículos 60 [Para que se haga constar en el acta de nacimiento el nombre del padre de un hijo fuera del matrimonio...] y 77 [Si el padre o la madre de un hijo natural, o ambos, lo presentaren para que se registre su nacimiento...] de este Código el Juez pondrá el apellido paterno de los progenitores o los dos apellidos del que lo reconozca. (Cámara de diputados (ed.): *Código Civil Federal*)

Hasta el momento no se han permitido *de facto* desviaciones de este orden. En junio de 2014, la Asamblea Legislativa de México aceptó la siguiente modificación del artículo 58, la cual permite a los padres determinar el orden de los apellidos:

> El orden de los apellidos será designado por acuerdo entre los padres y/o madres según sea el caso, y dicho acuerdo regirá para los demás hijos del mismo vínculo; en caso de desacuerdo, el orden se determinará bajo la regla general. (Reyes / Mejía 2015)

Sin embargo, esta modificación fue rechazada por una instancia superior (Consejería Jurídica y de Servicios Legales). Como justificación del rechazo se indicaron problemas inminentes en la expedición de certificados y del número de identificación personal (Clave Única del Registro de Población), así como de los carnés de identidad y de votante (Reyes / Mejía 2015). Sin embargo, en el año 2015 una jueza federal dictaminó un proceso judicial a favor de los padres, quienes tras el rechazo en el padrón municipal del distrito capital de Distrito Federal pudieron asignar a sus hijas el primer apellido de la madre seguido del primer apellido del padre (Reyes / Mejía 2015). Durante el transcurso del proceso judicial, el artículo 58 del Código Civil Federal se declaró anticonstitucional (Reyes / Mejía 2015). Las correspondientes modificaciones legislativas regionales que ceden a los padres la elección del orden de los apellidos ya se adoptaron en el distrito capital de Distrito Federal en el año 2014 (Ramírez 2014) y en Ciudad de México en el año 2015 (s. a. 2015b).

El derecho al nombre tras el casamiento no está regulado a nivel federal en México. Cada estado federal impone mediante su propia Ley del Notariado (LN), en la sección «De los documentos / instrumentos notariales», distintas reglas para el derecho al nombre de las mujeres casadas. En los estados federales de

México (LN 2001) y Chiapas (LN 2012), entre otros, se prohíbe la modificación oficial del nombre de las mujeres tras el matrimonio: «Al expresar el nombre de una mujer casada, incluirá su apellido materno» (Secretaría de Gobernación (ed.), *Ley del notariado del Estado de México*; Procuraduría general de justicia del Estado (ed.), *Ley del notariado para el Estado de Chiapas*). En el Distrito Federal capitalino (LN 2000), las mujeres casadas pueden, en asuntos oficiales, añadir a sus dos apellidos originales el primer apellido o los dos apellidos del marido: «Sólo que la mujer casada lo pida, se agregará a su nombre y apellidos, el apellido o apellidos paternos del marido» (Colegio de notarios de Ciudad de México (ed.), *Ley del notariado para el Distrito Federal*). Esta última posibilidad no implica ninguna modificación oficial del nombre. Según el derecho consuetudinario, las mujeres casadas se designan a menudo con el primer apellido del marido y la preposición «de» antepuesta (Arce Gargollo 1991: 36).

3.2.2.1.3. Argentina

En Argentina, con el Código Civil y Comercial de la Nación de 2014 (artículos 64–67) entraron en vigor las siguientes regulaciones sobre los apellidos:

Artículo 64. *Apellido de los hijos.*
El hijo matrimonial lleva el primer apellido de alguno de los cónyuges; en caso de no haber acuerdo, se determina por sorteo realizado en el Registro del Estado Civil y Capacidad de las Personas. A pedido de los padres, o del interesado con edad y madurez suficiente, se puede agregar el apellido del otro.
Todos los hijos de un mismo matrimonio deben llevar el apellido y la integración compuesta que se haya decidido para el primero de los hijos.

Artículo 67. *Cónyuges.*
Cualquiera de los cónyuges puede optar por usar el apellido del otro, con la preposición «de» o sin ella.
La persona divorciada o cuyo matrimonio ha sido declarado nulo no puede usar el apellido del otro cónyuge, excepto que, por motivos razonables, el juez la autorice a conservarlo.
El cónyuge viudo puede seguir usando el apellido del otro cónyuge mientras no contraiga nuevas nupcias, ni constituya unión convivencial.

En comparación con la Ley 18248 de 1969, ambos padres, incluidas las parejas de un mismo sexo,[15] están equiparados con respecto a la imposición del apellido: el hijo recién nacido recibe el primer apellido de uno de los padres. La

---

15 En la Ley 26618 de 2010 se establece la primera normativa con respecto a los padres homosexuales: «Los hijos matrimoniales de cónyuges del mismo sexo llevarán el primer apellido de alguno de ellos» (Fernández Pérez 2015: 647, nota 1290). En el caso

anterior imposición obligatoria del apellido paterno se anuló también en el caso de discrepancia de elección entre los padres. Además, se brinda la oportunidad de añadir el apellido del otro progenitor. Todos los hijos de un mismo matrimonio deben llevar los mismos apellidos. En el artículo 67 también se regula la posibilidad de modificar el apellido al casarse: un cónyuge puede, por deseo propio, tomar el apellido del otro cónyuge, con o sin la preposición «de». Esta modificación también tiene por objetivo la igualdad entre parejas heterosexuales y homosexuales, así como entre hombres y mujeres, véase el pasaje correspondiente de la Ley 18248 de 1969: «Será optativo para la mujer casada, añadir a su apellido el del marido, precedido por la preposición "de"» (Secretaría de Derechos Humanos de la Provincia de Buenos Aires (ed.): *Ley N.º 18248. Nombre de las personas*). En cambio, se retira la posibilidad de conservar el mismo apellido de casada tras el divorcio. Se elimina el pasaje sobre la posibilidad de una adaptación gráfica y fonética al español de los nombres no argentinos «de difícil pronunciación» (Secretaría de Derechos Humanos de la Provincia de Buenos Aires (ed.): *Ley N.º 18248. Nombre de las personas*).

3.2.2.2. Apellidos frecuentes

Para la siguiente síntesis se tendrán en cuenta, exclusivamente, los datos directos de los institutos nacionales de estadística. Numerosos artículos en línea disponibles en portales de prensa (s. a. 2015c) o en la Wikipedia (artículo «Apellidos más comunes en España e Hispanoamérica») citan datos estadísticos del «portal genealógico» *forebears.io*, que, según sus propias declaraciones, desde 2012 agrupa y proporciona una gran cantidad de fuentes genealógicas en línea como *Ancestry* o *FindMyPast*. Sobre la base de estas fuentes, el portal ofrece listas de los 200 apellidos más frecuentes en diversos países. No obstante, los métodos de cálculo para estas estadísticas son totalmente opacos, lo cual inutiliza este material para las investigaciones onomásticas. No queda claro, por ejemplo, qué fuentes, períodos y combinaciones de nombres (por ejemplo ambos apellidos o solo el primero) concretos se analizan en el cálculo de los apellidos más frecuentes en el año 2014 en España (*García* con 1.489.445 resultados, *González, Rodríguez, Fernández, López*, etc.), México (*Hernández* con 2.534.379 resultados, *García, López, Martínez, González*, etc.) o Argentina (*González* con 369.119 resultados, *Rodríguez, López, Fernández, García*, etc.) (Forebears.io (ed.), *España, México y Argentina*)

---

de los padres heterosexuales, se mantiene la imposición obligatoria del primer apellido del padre.

3.2.2.2.1. España

A continuación, se extraen las primeras 20 entradas de la lista de los 100 primeros apellidos más frecuentes entre la población general española en el año 2015 según el cálculo del Instituto Nacional de Estadística español:

Tabla 16: los 20 primeros apellidos más frecuentes entre la población general de Espala (fecha: 1.1.2015).

	Primer apellido	Frecuencia absoluta	Por cada 1.000 habitantes
1	García	1.473.189	31,6
2	González	927.393	19,9
3	Rodríguez	926.148	19,9
4	Fernández	919.724	19,7
5	López	872.744	18,7
6	Martínez	835.192	17,9
7	Sánchez	818.438	17,6
8	Pérez	780.210	16,7
9	Gómez	492.079	10,6
10	Martín	490.860	10,5
11	Jiménez	392.567	8,4
12	Ruiz	368.026	7,9
13	Hernández	359.617	7,7
14	Díaz	338.810	7,3
15	Moreno	319.874	6,9
16	Muñoz	282.350	6,1
17	Álvarez	281.909	6,0
18	Romero	220.034	4,7
19	Alonso	198.239	4,3
20	Gutiérrez	194.402	4,2

Fuente: Instituto Nacional de Estadística (ed.): *Apellidos y nombres más frecuentes.*

Únicamente dos apellidos de esta lista no son de origen patronímico: *Moreno*, sobrenombre originario con el significado «de piel oscura» y *Romero*, con el significado originario «peregrino a Roma».

La siguiente recopilación de los 20 primeros apellidos más frecuentes en seis provincias seleccionadas en el centro, norte, sur y suroeste de España, así como en las Islas Canarias, ilustra algunas características regionales específicas:

Tabla 17: los 20 primeros apellidos más frecuentes correspondientes a seis provincias seleccionadas de España (fecha: 1.1.2015).

	Madrid	Burgos	Asturias	Murcia	Sevilla	Las Palmas
1	García	García	Fernández	Martínez	García	Rodríguez
2	González	González	García	García	Rodríguez	Santana
3	Fernández	Martínez	González	Sánchez	González	González
4	Sánchez	Pérez	Álvarez	López	Fernández	Hernández
5	López	López	Rodríguez	Pérez	Sánchez	García
6	Rodríguez	Fernández	Martínez	Fernández	López	Pérez
7	Martín	Alonso	Suárez	Hernández	Pérez	Suárez
8	Martínez	Martín	López	González	Jiménez	Sánchez
9	Pérez	Ruiz	Pérez	Ruiz	Gómez	Martín
10	Gómez	Rodríguez	Díaz	Navarro	Martín	Díaz
11	Jiménez	Gómez	Menéndez	Gómez	Romero	Cabrera
12	Díaz	Díez	Alonso	Rodríguez	Ruiz	López
13	Hernández	Gutiérrez	Sánchez	Moreno	Martínez	Medina
14	Moreno	Santamaría	Iglesias	Muñoz	Moreno	Ramírez
15	Muñoz	Ortega	Gutiérrez	Jiménez	Díaz	Jiménez
16	Ruiz	Saiz	Blanco	Martín	Muñoz	Vega
17	Álvarez	Sanz	Gómez	Díaz	Domínguez	Ramos
18	Alonso	Sánchez	Méndez	Molina	Álvarez	Marrero
19	Gutiérrez	Hernando	Vázquez	Nicolás	Gutiérrez	Quintana
20	Sanz	Peña	Martín	Cánovas	Vázquez	Morales

Fuente: Instituto Nacional de Estadística (ed.): *Apellidos y nombres más frecuentes.*

Si bien las combinaciones de los 20 apellidos más frecuentes en las provincias mencionadas arrojan patrones de distribución distintos, deben marcarse como regionales únicamente dos apellidos de esta lista, ya que fuera de las provincias correspondientes apenas aparecen: *Cánovas*, de origen catalán, para Murcia (Faure et al. 2001: 204) y *Marrero*, de etimología desconocida, para Las Palmas y las Islas Canarias en conjunto (Faure et al. 2001: 499). Las diferencias entre los apellidos más frecuentes según el lugar de residencia y la provincia de nacimiento carecen de importancia en las provincias examinadas. Junto a los omnipresentes apellidos patronímicos como *García, González, Fernández, Rodríguez, Martínez, López, Sánchez, Pérez, Álvarez*, etc., los toponímicos *Ortega, Peña, Iglesias, Molina, Cabrera, Vega, Quintana, Medina, Morales, Santamaría* y *Santana* se encuentran entre los apellidos más frecuentes en las regiones mencionadas.

3.2.2.2.2. México

El Instituto Nacional Electoral mexicano restringe su acceso público a los datos estadísticos a los cinco apellidos paternos y maternos más frecuentes en México:

Tabla 18: los cinco apellidos paternos y maternos más frecuentes en México (fecha: 15.4.2015).

	Apellidos	Frecuencia absoluta como apellido paterno	Frecuencia absoluta como apellido materno
1	Hernández	3.429.884	3.503.530
2	García	2.538.255	2.555.613
3	Martínez	2.394.544	2.412.225
4	López	2.176.817	2.195.138
5	González	1.980.660	1.991.888

Fuente: Instituto Nacional Electoral (ed.): *Estadísticas Lista Nominal y Padrón Electoral.*

Como en España (*García, González y López* entre los cinco primeros, *Martínez* en sexto lugar y *Hernández* en decimotercer lugar), los apellidos más frecuentes de México corresponden a los patronímicos.

Como ya se mencionó anteriormente, *Hernández Hernández* es, como se esperaba, la combinación más frecuente de los apellidos paterno y materno en México. La Tabla 8 anterior contiene los nombres propios más frecuentes en los 32 estados federales, incluidas las cadenas onímicas completas de hombres y mujeres en la estadística. Junto con las diferentes combinaciones de los patronímicos más difundidos como *Martínez Martínez* en Aguascalientes, *García García* en Baja California, *López Hernández* en Campeche o *Pérez Pérez* en Chiapas, llaman la atención *Ceseña Ceseña* en Baja California Sur (8 personas), *Carrillo de la Cruz* en Nayarit (13 personas), *Valenzuela Valenzuela* en Sonora (33 personas) y *Chan Chan* (11 personas) en Yucatán.

La siguiente sinopsis de los 18 apellidos paternos más frecuentes en estados federales seleccionados del centro, noroeste, norte y suroeste de México toma los datos del Instituto Nacional Electoral:

Tabla 19: los 18 primeros apellidos más frecuentes en seis estados federales seleccionados de México.

	Distrito Federal	Baja California	Chihuahua	Hidalgo	Tlaxcala	Yucatán
1	Hernández	García	Hernández	Hernández	Hernández	Chan
2	García	López	González	Martínez	Pérez	Pech
3	Martínez	Hernández	García	García	Sánchez	Canul

	Distrito Federal	Baja California	Chihuahua	Hidalgo	Tlaxcala	Yucatán
4	González	González	Rodríguez	Pérez	Flores	May
5	López	Martínez	Martínez	Cruz	López	Canche
6	Sánchez	Rodríguez	López	López	García	Dzul
7	Pérez	Ramírez	Pérez	González	Rodríguez	Pérez
8	Rodríguez	Pérez	Ramírez	Ramírez	Vázquez	González
9	Ramírez	Sánchez	Chávez	Sánchez	González	López
10	Flores	Flores	Sánchez	Rodríguez	Morales	Poot
11	Cruz	Gómez	Flores	Bautista	Ramírez	Cauich
12	Jiménez	Torres	Torres	Trejo	Romero	Chi
13	Reyes	Gutiérrez	Gutiérrez	Mendoza	Martínez	Ku
14	Morales	Morales	Morales	Reyes	Muñoz	Caamal
15	Gómez	Ruiz	Domínguez	Gómez	Juárez	Uc
16	Vázquez	Díaz	Mendoza	Flores	Rojas	Rodríguez
17	Torres	Reyes	Reyes	Vargas	Díaz	Balam
18	Gutiérrez	Jiménez	Cruz	Jiménez	Cruz	Chan

Fuente: Instituto Nacional Electoral (ed.): *Estadísticas Lista Nominal y Padrón Electoral.*

Junto a los apellidos más difundidos del conjunto hispánico, como *Hernández, García, López, Pérez, Martínez, Sánchez, González*, etc., aparecen entre los 18 apellidos más frecuentes otros ampliamente extendidos en muchos estados mexicanos que en España se registran, en general, raras veces e indican, en ocasiones, un carácter regional: *Flores* (posición 60 en la estadística española de 2015), *Cruz* (posición 53 en España, 36 en Las Palmas), *Reyes* (69 en España, 27 en Santa Cruz de Tenerife, 32 en Córdoba, 34 en Cádiz, 37 en Las Palmas, 41 en Huelva y 41 en Sevilla), *Chávez* (no aparece en la lista de los 100 apellidos más frecuentes de España y los correspondientes 50 apellidos más frecuentes de las provincias individuales), *Mendoza* (49 en Las Palmas), *Bautista* (falta en las listas españolas, según Faure et al. (2001: 131–132) se encuentra a menudo en las Islas Canarias), *Trejo* (falta), *Vargas* (86 en España, 48 en Granada, 26 en Almería, 46 en Sevilla), *Juárez* (falta), *Rojas* (100 en España, 48 en Toledo como provincia de nacimiento). La amplia difusión de los apellidos actualmente característicos del sur de España y las Islas Canarias señala quizás a las huellas del «español atlántico»[16] en los apellidos. Otras investigaciones cuantitativas podrían apuntar al posible vínculo histórico entre las regiones individuales de México, la España continental y las Islas Canarias.

---

16 Véase Becker en prensa.

Los apellidos de origen maya como *Chan, Pech, Canul, May, Canche, Dzul*, etc., en la provincia de Yucatán revelan la existencia de apellidos específicos en la península de Yucatán. Este «subsistema de apellidos» (Mateos 2010: 90) se confirma mediante análisis más amplios creados también para las provincias de Quintana Roo y Campeche. Entre otros de los apellidos mayas extendidos se encuentran: *Chi, Poot, Uc, Balam, Caamal, Pool, Ku, Dzib, Cauich, Tun, Uicab, Olan, Moo, Cahuich, Ek, Puc, Huchin, Pat, Ake, Can* y *Couoh* (Mateos 2010: 90). Las primeras encuestas cuantitativas muestran que aproximadamente el 60 % de la población mexicana lleva 548 de los tipos de apellidos más frecuentes (Mateos 2010: 76).

3.2.2.2.3. Colombia

En el sitio web de la Registraduría Nacional de Colombia se establece la siguiente lista de los 15 apellidos más frecuentes en Colombia. Se trata, probablemente, de los apellidos paternos; faltan datos más detallados al respecto.

Tabla 20: los 15 apellidos más frecuentes en Colombia en el año 2010.

	Apellidos	Frecuencia absoluta
1	Rodríguez	707.786
2	Gómez	537.843
3	González	531.484
4	Martínez	530.721
5	García	524.835
6	López	509.880
7	Hernández	454.471
8	Sánchez	449.750
9	Ramírez	427.404
10	Pérez	418.660
11	Díaz	388.419
12	Muñoz	293.759
13	Rojas	286.038
14	Moreno	265.374
15	Jiménez	261.391

Fuente: Registraduría Nacional del Estado Civil 2010.

El único apellido de esta lista que no se puede considerar como uno de los apellidos más difundidos del conjunto hispánico es *Rojas* (véase más arriba).

Bibliografía

Fuentes primarias

Academia de l'Aragonés (ed.) (2014): *Antroponimia aragonesa*, Edicions Dichitals de l'Academia de l'Aragonés, http://www.academiadelaragones.org/biblio/Edacar9.pdf (10.6.2016).

Agencia Estatal, Gobierno de España (ed.) (2011): *Ley 20/2011, de 21 de julio, del Registro Civil*, https://www.boe.es/boe/dias/2011/07/22/pdfs/BOE-A-2011-12628.pdf (10.6.2016).

Agencia Estatal, Gobierno de España (ed.) (2015): *Decreto de 14 de noviembre de 1958 por el que se aprueba el Reglamento de la Ley del Registro Civil*, https://www.boe.es/buscar/act.php?id=BOE-A-1958-18486&b=171&tn=1&p=19860919#art137 (15.5.2016).

Aufemenin.com (ed.): *Accueil*, http://corporate.aufeminin.com (15.6.2016).

Babycenter.com (ed.): *Los nombres más frecuentes en México desde 1930*, http://espanol.babycenter.com/a6700022/los-nombres-m%25C3%25A1s-frecuentes-en-m%25C3%25A9xico-desde-1930#ixzz46w4GLcgF (25.4.2016)

Cámara de diputados (ed.): *Código Civil Federal*, http://www.diputados.gob.mx/LeyesBiblio/pdf/2_241213.pdf (24.4.2016).

Castro, Ángeles (2015): «Nombres populares: Sofía y Thiago, los más elegidos para los bebes porteños». En: *LaNación.com.ar*, 17.01.2015, http://www.lanacion.com.ar/1760784-nombres-populares-sofia-y-thiago-los-mas-elegidos-para-los-bebes-portenos (27.4.2016).

Colegio de notarios de Ciudad de México (ed.): *Ley del notariado para el Distrito Federal*, http://www.colegiodenotarios.org.mx/documentos/ley_notariado_df.pdf (20.5.2016).

Enfemenino.com (ed.): *Foro: Ayuda con estos nombres...ethan/izan, irune/istar*, http://foro.enfemenino.com/forum/prenoms/__f1040_prenoms-Ayuda-con-estos-nombres-ethan-izan-irune-istar.html (2.5.2016).

Enfemenino.com (ed.): *Foro: Leo o leonardo*, http://foro.enfemenino.com/forum/prenoms/__f568_prenoms-Leo-o-leonardo.html (2.5.2016).

Enfemenino.com (ed.): *Foro: Nombres canarios*, http://foro.enfemenino.com/forum/prenoms/__f973_p2_prenoms-Nombres-canarios.html (2.5.2016).

Enfemenino.com (ed.): *Foro: ¿tan feo es mi nombre?* ☺, http://foro.enfemenino.com/forum/prenoms/__f532_prenoms-tan-feo-es-mi-nombre-triste.html (2.5.2016).

Forebears.io (ed.): http://forebears.io (20.5.2016).

Instituto Nacional de Estadística (ed.): *Apellidos y nombres más frecuentes*, http://www.ine.es/daco/daco42/nombyapel/nombyapel.htm (25.4.2016).

Instituto Nacional Electoral (ed.): *Estadísticas Lista Nominal y Padrón Electoral*, http://www.ine.mx/archivos3/portal/historico/contenido/Estadisticas_Lista_Nominal_y_Padron_Electoral/ (25.4.2016).

Ministerio de Justicia (ed.): *Ley del Registro Civil de 8 de junio de 1957*, http://www.mjusticia.gob.es/cs/Satellite/1292338903496?blobheader=application%-2Fpdf&blobheadername1=Content-Disposition&blobheadervalue1=attach-ment%3B+filename%3DArt%C3%ADculos_40-46_de_la_ley_de_Registro_Civil_de_8_de_Junio_de_1957..PDF (10.6.2016).

Procuraduría general de justicia del Estado (ed.): *Ley del notariado para el Estado de Chiapas*, http://www.pgje.chiapas.gob.mx/informacion/marcojuridico/Leyes/Estatales/Update/LEY%20DEL%20NOTARIADO%20PARA%20EL%20ESTADO%20DE%20CHIAPAS.pdf (20.5.2016).

Ramírez, Kenya (2014): «Avalan que apellido materno pueda ir primero». En: *Excelsior.com.mx*, 11.6.2014, http://www.excelsior.com.mx/comunidad/2014/06/11/964478 (20.5.2016).

Registraduría Nacional del Estado Civil (ed.) (2010): «Curiosidades de los nombres colombianos». En: *Nuestra Huella* 46, http://www.registraduria.gov.co/rev_electro/rev_elec_dic2010/revista_dic2010.html (20.5.2016).

RegistroCivil.cl (ed.): *Nombres más comunes*, https://www.registrocivil.cl/Servicios/Estadisticas/Archivos/NombresComunes/Nombres_Annos.htm (28.4.2016).

Reyes, Juan Pablo / Mejía, Ximena (2015): «Conceden a padres registrar a hijas con apellido materno primero». En: *Excelsior.com.mx*, 5.3.2015, http://www.excelsior.com.mx/comunidad/2015/03/05/1011567 (20.5.2016).

S. a. (2014a): «"Rambo, Circuncisión, Escroto" son ahora nombres prohibidos en Sonora». En: Expansion.mx, 10.2.2014, http://expansion.mx/nacional/2014/02/10/rambo-circuncision-escroto-son-ahora-nombres-prohibidos-en-sonora (10.6.2016).

S. a. (2014b): «Lista de nombres prohibidos en Sonora». En: *ElUniversal.mx*, 12.2.2014, http://www.eluniversal.com.mx/estados/2014/lista-peyorativos-nombres-987016.html (10.6.2016).

S. a. (2014c): «Dime cómo te llamas y te diré qué tan popular es tu nombre». En: *SDPnoticias.com*, 07.2.2014, http://www.sdpnoticias.com/estilo-devida/2014/02/07/dime-como-te-llamas-y-te-dire-que-tan-popular-es-tunombre (25.4.2016).

S. a. (2015a): «Pasan a la historia nombres tradicionales, personajes de moda son los más elegidos». En: *CapitalCoahuila.mx*, 12.10.2015, http://www.

capitalcoahuila.com.mx/especial/pasan-a-la-historia-nombres-tradiciona
les-personajes-de-moda-son-los-mas-elegidos (25.4.2016).

S. a. (2015b): «Estado de México rompe con orden tradicional de apellidos». En:
Informador.com.mx, 03.5.2015, http://www.informador.com.mx/mexico/
2015/589911/6/estado-de-mexico-rompe-con-orden-tradicional-de-apelli
dos.htm (20.5.2016).

S. a. (2015c): «Cuáles son los 200 apellidos más populares en la Argentina».
En: *Clarín.com*, 12.11.2015, http://www.clarin.com/sociedad/forebears-
apellidospopulares-argentina-nombres-gonzalez_0_1466253632.html
(20.5.2016).

Secretaría de Derechos Humanos de la Provincia de Buenos Aires (ed.): *Ley No
18248. Nombre de las personas*, Buenos Aires, http://www.sdh.gba.gov.ar/
comunicacion/normativanacyprov/pueblosoriginarios/nacional/nac_
ley18248.pdf (28.4.2016).

Secretaría de Gobernación (ed.): *Ley del notariado del Estado de México*, http://
www.testamentos.gob.mx/Documentos/leyesnot/15leynot.pdf (20.5.2016).

Sistema Argentino de Información Jurídica (ed.) (2014): *Código civil y comercial
de la nación*, Buenos Aires, http://www.saij.gob.ar/docs-f/codigo/Codigo_
Civil_y_Comercial_de_la_Nacion.pdf (20.5.2016).

Fuentes secundarias

Abascal Palazón, José Manuel (1994): *Los nombres personales en las inscripciones
latinas de Hispania*, Murcia: Universidad de Murcia.

Aguilar Salas, Mª Lourdes (1988): «Antroponimia náhuatl en los antiguos mexicanos. Génesis y pervivencia». En: *Parole* 1, 95–106.

Alba, Orlando (2013): *Nombres propios de persona en la República Dominicana*,
Santo Domingo: Ediciones Librería La Trinitaria, http://scholarsarchive.byu.
edu/books/6 (10.6.2016).

Albertos Firmat, María Lourdes (1966): *La onomástica personal primitiva de
Hispania Tarraconense y Bética*, Salamanca: C.S.I.C. / Instituto «Antonio de
Nebrija».

Alcalá Alba, Antonio (1986): «Los nombres de persona iniciados por A en la
ciudad de México». En: *Actas del II Congreso Internacional sobre el Español de
América*, México: UNAM, 505–509.

Aldrin, Emilia (2014): «Choosing a Name = Choosing Identity? Towards a
Theoretical Framework». En: Tort i Donada, Joan / Montagut i Montagut,
Montserrat (eds.): *Els noms en la vida quotidiana. Actes del XXIV Congrés
Internacional d'ICOS sobre Ciències Onomàstiques*, Barcelona: Generalitat de

Catalunya, 392–401, http://www.gencat.cat/llengua/BTPL/ICOS2011/044.pdf (10.5.2016).

Álvarez Delgado, Juan (1956): «Antropónimos de Canarias». En: *Anuario de Estudios Atlánticos* 2, 311–456.

Álvarez Nazario, Manuel (1967): «La huella de la antroponimia canaria en Puerto Rico». En: *Atenea* (Nueva serie) 4, 25–33.

Androutsopoulos, Jannis (2006): «Introduction: Sociolinguistics and computer-mediated communication». En: *Journal of Sociolinguistics* 10.4, 419–438, https://jannisandroutsopoulos.files.wordpress.com/2009/12/jslx_10-4_intro. pdf (20.6.2016).

Arce Gargollo, Javier (1991): «Estudio de derecho notarial sobre las generales en el instrumento público». En: *Revista de Derecho Notarial Mexicano* 102, 30–44, http://www.juridicas.unam.mx/publica/librev/rev/dernotmx/cont/102/est/ est3.pdf (20.5.2016).

Baer, Yitzhak (1961): *A History of the Jews in Christian Spain*, vol. 2, Filadelfia/ Jerusalén: The Jewish Publication Society.

Baez Pinal, Gloria Estela / Herrera Lima, María Eugenia / Mendoza, José Francisco (1993): «Antropónimos en el español de la ciudad de México. Tradición y novedad». En: *Anuario de Letras: Lingüística y filología* 31, 431–496, https:// revistas-filologicas.unam.mx/anuario-letras/index.php/al/article/view/803 (31.10.2017).

Baez Pinal, Gloria Estela / Herrera Lima, María Eugenia / Mendoza, José Francisco (1994): «Antropónimos compuestos en tres ciudades de la República Mexicana». En: *Estudios de Lingüística Aplicada* 19/20, 431–454, http://ela. enallt.unam.mx/index.php/ela/article/view/268 (31.10.2017).

Bajo Pérez, Elena (2002): *La caracterización morfosintáctica del nombre propio*, A Coruña: Toxosoutos.

Bajo Pérez, Elena (2008): *El nombre propio en español*, Madrid: Arco Libros.

Becker, Lidia (2008): «Frühmittelalterliche Personennamen als Zeugen für die Herausbildung der iberoromanischen Sprachen». En: Dahmen, Wolfgang / Holtus, Günter / Kramer, Johannes / Metzeltin, Michael / Schweickard, Wolfgang / Winkelmann, Otto (eds.): *Zur Bedeutung der Namenkunde für die Romanistik. Romanistisches Kolloquium XXII (Trier, 23.–24. Juni 2006)*, Tubinga: Narr, 255–275.

Becker, Lidia (2009a): *Hispano-romanisches Namenbuch. Untersuchung der Personennamen vorrömischer, griechischer und lateinisch-romanischer Etymologie auf der Iberischen Halbinsel im Mittelalter (6.–12. Jh.)*, Tubinga: Niemeyer.

Becker, Lidia (2009b): «Names of Jews in Medieval Navarre (13th–14th centuries)». En: Ahrens, Wolfgang / Embleton, Sheila / Lapierre, André (eds.): *Names in a*

Multi-Lingual, Multi-Cultural and Multi-Ethnic World. Proceedings of the 23ᵈ International Congress of Onomastic Sciences (August 17–22, 2008, York University, Toronto), Toronto: York University, 140–157, http://yorkspace.library. yorku.ca/xmlui/handle/10315/3618 (31.10.2017).

Becker, Lidia (En prensa): «El concepto de "español atlántico"». En: Eckkrammer, Eva (ed.): *Manual del español en América*, Berlín / Nueva York: De Gruyter.

Bielefeld, Knud (2014): *Langzeitstudie: Das Image von Namen*, http://blog. beliebte-vornamen.de/2014/08/das-image-von-namen (15.6.2016).

Boullón Agrelo, Ana Isabel (1997): «A influencia franca na onomástica medieval galega». En: Kremer, Dieter (ed.): *Homenaxe a Ramón Lorenzo*, Vol. 2, Vigo: Galaxia, 867–901.

Bourin, Monique (2002): «How Changes in Naming Reflect the Evolution of Familial Structures in Southern Europe (950–1250)». En: Beech, George T / Bourin, Monique / Chareille, Pascal (eds.): *Personal Names Studies of Medieval Europe. Social Identity and Familial Structures*, Western Michigan University, 3–13.

Boyd-Bowman, Peter (1955): «Cómo obra la fonética infantil en la formación de los hipocorísticos». En: *Nueva Revista de Filología Hispánica* 9.4, 337–366.

Boyd-Bowman, Peter (1970): «Los nombres de pila en México desde 1540 hasta 1950». En: *Nueva Revista de Filología Hispánica* 19.1, 12–48.

Brendler, Andrea / Kouznetsova, Lidia (2007): «Das spanische Personennamensystem». En: Brendler, Andrea / Brendler, Silvio (eds.): *Europäische Personennamensysteme. Ein Handbuch von Abasisch bis Zentralladinisch*, Hamburgo: Baar Verlag, 725–737.

Buesa Oliver, Tomás (1989): „Antropónimos afectivos con palatal en Aragón". In: *Homenaje a Alonso Zamora Vicente*, Bd. 2, Madrid: Castalia, 39–52.

Buesa Oliver, Tomás (2002): „Algunos apodos jaqueses". In: Saralegui Platero, Carmen / Casado Velarde, Manuel (Hgg.): *Pulchre, bene, recte: homenaje al prof. Fernando González Ollé*, Universidad de Navarra, 191–197.

Buesa Oliver, Tomás / Lagüéns Gracia, Vicente (1995): „Apellidos con artículo en Aragón, referidos a edificios y otras construcciones". In: *Thesaurus: Boletín del instituto Caro y Cuervo* 50.1–3, 239–292.

Buesa Oliver, Tomás / Lagüéns Gracia, Vicente (1996): „Algunos apellidos con artículo en Aragón". In: Alonso González, Alegría (Hg.): *Actas del III Congreso Internacional de Historia de la Lengua Española, Salamanca, 22–27 de noviembre de 1993*, Bd. 2, Madrid: Arco Libros, 981–1006.

Buesa Oliver, Tomás / Lagüéns Gracia, Vicente (1998): „Trabajos del Centro PatRom de Zaragoza (I). Los estudios de antroponimia aragonesa". In: *Archivo de Filología Aragonesa* 52–53, 9–63.

Bustos Argañarás, Prudencio (2014): *Antroponimia hispanoamericana*, http://ramed.es/index.php/informes-y-bibliografia/genealogia/articulos/422-antroponimia-hispanoamericana-por-prudencio-bustos-arganaras (10.5.2016).

Cacia, Daniela (2012): «Piemontesi in Argentina: indagine onomastica sul Primer censo general de la provincia de Santa Fé (1887)». En: Rossebastiano, Alda (ed.): *Identità e voci dell'emigrazione italiana nell'America Latina*, Roma: Società Editrice Romana, 21–74.

Camacho Barreiro, Aurora M. (2003): «Los nombres de persona en Cuba: entre la tradición y la novedad». En: *Lexi Lexe, Revista del Instituto Boliviano de Lexicografía* 4.4, 50–57.

Cano González, Ana María / Germain, Jean / Kremer, Dieter (2004): *Dictionnaire historique de l'anthroponymie romane*, vol. II.1: *L'homme et les parties du corps humain*, Tubinga: Niemeyer.

Cano González, Ana María / Germain, Jean / Kremer, Dieter (2015): *Dictionnaire historique de l'anthroponymie romane*, vol. III.1: *Les animaux. Les mammifères*, Berlín y otros: de Gruyter.

Collins, Roger (1983): *Early Medieval Spain. Unity in Diversity (400–1000)*, Londres / Basingstoke: Macmillan Press.

Correa Rodríguez, José Antonio (2004): «La Hispania prerromana». En: Cano, Rafael (ed.): *Historia de la lengua española*, Barcelona: Ariel, 35–80.

Cuba Manrique, María del Carmen (2002): «Antroponimia e identidad de los negros esclavos en el Perú». En: *Escritura y Pensamiento* 5.11, 123–134, http://sisbib.unmsm.edu.pe/bibvirtual/publicaciones/escri_pensam/2002_n10/antroponiamia_identidad_negros.htm (10.5.2016).

Díaz de Martínez, Lucinda (2003): «Onomástica mariana en las actas de bautismo de Humahuaca (Jujuy-Argentina) del siglo XVIII». En: *Lexicografía y Lexicogía en Europa y América: Homenaje a Günter Haensch*, Madrid: Gredos, 239–248.

Diez Melcón, R. P. Gonzalo (1957): *Apellidos castellano-leoneses (siglos IX-XIII, ambos inclusive)*, Granada: Universidad de Granada.

Döring, Nicola (2010): «Sozialkontakte online: Identitäten, Beziehungen, Gemeinschaften». En: Schweiger, Wolfgang / Beck, Klaus (eds.): *Handbuch Online-Kommunikation*, Wiesbaden: VS / Springer, 159–183.

Echenique Elizondo, María Teresa (1984): *Historia lingüística vasco-románica. Intento de aproximación*, Donostia: Caja de ahorros provincial de Guipuzcoa.

Faure, Roberto (2002): *Diccionario de nombres propios*, Madrid: Espasa.

Faure, Roberto / Ribes, María Asunción / García, Antonio (2001): *Diccionario de apellidos españoles. Cerca de 8.000 apellidos distintos de toda España*, Madrid: Espasa.

Fayer, Joan M. (1988): «First names in Puerto Rico: A change in progress». En: *Names: A Journal of Onomastics* 36.1–2, 21–27.

Fernández Juncal, Carmen (2000): «Modos de formación de la epiclesis». En: Borrego Nieto, Julio et al. (eds.): *Cuestiones de actualidad en lengua española*, Salamanca: Universidad de Salamanca / Instituto Caro y Cuervo, 229–234.

Fernández Juncal, Carmen (2001): «Algunos datos socioonomásticos de una comunidad de la región funcional de Salamanca». En: Bartol Hernández, José Antonio (ed.): *Nuevas aportaciones al estudio de la lengua española. Investigaciones filológicas*, Salamanca: Luso-Española de Ediciones, 257–264.

Fernández Juncal, Carmen (2008): «Patrones sociolingüísticos de la onomástica». En: *Revista española de lingüística* 38.2, 5–20.

Fernández Leborans, María J. (1999): «El nombre propio». En: Bosque, Ignacio / Demonte, Violeta (eds.): *Gramática descriptiva de la lengua española*, vol. 1: *Sintaxis básica de las clases de palabras*, Madrid: Espasa, 77–128.

Fernández Pérez, Enrique Antonio (2015): *El nombre y los apellidos. Su regulación en derecho español y comparado*, Sevilla, https://idus.us.es/xmlui/handle/11441/32106 (15.6.2016).

Fraas, Claudia / Pentzold, Christian (2008): «Online-Diskurse – Theoretische Prämissen, methodische Anforderungen und analytische Befunde». En: Warnke, Ingo H. / Spitzmüller, Jürgen (eds.) (2008): *Methoden der Diskurslinguistik. Sprachwissenschaftliche Zugänge zur transtextuellen Ebene*, Berlin / New York: de Gruyter, 287–322, https://www.tu-chemnitz.de/phil/imf/mk/docs/fraas/Fraas_Pentzold_Druckfassung.pdf (20.6.2016).

García Gallarín, Consuelo (1998): *Los nombres de pila españoles*, Madrid: Ediciones del Prado.

García Gallarín, Consuelo (2007a): «La evolución de la antroponimia hispanoamericana». En: García Gallarín, Consuelo (ed.) (2007c): *Los nombres del Madrid multicultural*, Madrid: Parthenon, 209–235.

García Gallarín, Consuelo (2007b): «Tradición e innovación antroponímicas (Madrid, 1996–2006)». En: García Gallarín, Consuelo (ed.) (2007c): *Los nombres del Madrid multicultural*, Madrid: Parthenon, 99–134.

García Gallarín, Consuelo (2007c) (ed.): *Los nombres del Madrid multicultural*, Madrid: Parthenon.

García Gallarín, Consuelo (2009): «Variación y cambio antroponímicos: los nombres de persona en el período clásico». En: García Gallarín, Consuelo / Cid Abasolo, Karlos (eds.): *Los nombres de persona en la sociedad y en la literatura de tres culturas*, Madrid: Sílex, 71–110.

García Gallarín, Consuelo (2010): «Rutas de la antroponimia hispánica». En: Maíz, Carmen (ed.): *Nombre propio e identidad cultural*, Madrid: Sílex, 57–99.

García Gallarín, Consuelo (2014): *Diccionario histórico de nombres de América y España. Estudio preliminar*, Madrid: Sílex.

García Gallarín, Consuelo / Galende Díaz, Juan Carlos / Fernández Hidalgo, Ana / Rodríguez Lombadero, Marta / Bravo Llatas, Carmen (1997): *Antroponimia madrileña del siglo XVII. Historia y documentación*, Madrid: Universidad Complutense.

García González, Javier / Coronado González, María Luisa (1991): «La traducción de los antropónimos». En: *Revista española de lingüística aplicada* 7, 49–72.

Grünwald, Giesela (1994): *Gesellschaftliche Veränderungen im Spiegel der Namengebung: Eine empirische Untersuchung anhand spanischer Vornamen in der Stadt Jávea*, Stuttgart: Steiner.

Hafner, Ute (2004): *Namengebung und Namenverhalten im Spanien der 70er Jahre*, Tubinga: Niemeyer.

Hatolong Boho, Z. (2015): «Los nombres propios hispánicos en Camerún: entre aventura y globalización semiolingüística». En: *Cuadernos de Lingüística Hispánica* 26, 89–102.

Homge, Ruth (1988): *Zur modernen spanischen Vornamengebung: Die Vornamen in Salamanca von 1900 bis 1986*, Siegen.

Horcasitas, Fernando (1973): «Cambio y evolución de la antroponimia náhuatl». En: *Anales de Antropología* 10, 265–283, http://www.revistas.unam.mx/index.php/antropologia/article/view/23289/pdf_723 (31.10.2017).

Janowitz, Klaus M. (s. a.): *Netnographie*, http://www.klaus-janowitz.de/pdf/Netnographie.pdf (15.6.2016).

Jiménez Segura, Selene (2005): *Análisis lingüístico de la atribución de los nombres de pila masculinos y femeninos en el municipio de Tlalnepantla de Baz, Estado de México*, Universidad Nacional Autónoma de México, México, 2005.

Jiménez Segura, Selene (2014): «Los procesos de cambio de los modelos de atribución antroponímica tradicional y a partir de la moda en el municipio de Tlalnepantla de Baz, Estado de México. Tres calas: 1930, 1960 y 1990». En: *Trama* 10.20, 127–148.

Kaganoff, Benzion C. (1977): *A Dictionary of Jewish Names and their History*, Nueva York: Schocken Books.

Kajanto, Iiro (1965): *The Latin Cognomina*, Helsinki.

Kajanto, Iiro (1990): «Onomastica romana alle soglie del medioevo». En: Kremer, Dieter (ed.): *Dictionnaire historique des noms de famille romans. Actes du Ier Colloque (Trèves, 10–13 décembre 1987)*, Tubinga: Niemeyer, 59–67.

Kremer, Dieter (1969–1972): *Die germanischen Personennamen in Katalonien. Namensammlung und Etymologisches*, Barcelona: Institut d'Estudis Catalans.

Kremer, Dieter (1970–1982): «Bemerkungen zu den mittelalterlichen hispanischen *cognomina* (I)». En: *Aufsätze zur portugiesischen Kulturgeschichte* 10 (1970), 123–83; II, ibíd. 11 (1971), 139–87; III, ibíd. 12 (1972–1973), 101–88; IV, ibíd. 13 (1974–1975), 157–221; V, ibíd. 14 (1976–1977), 191–298; VI, ibíd. 16 (1980), 117–205; VII, ibíd. 17 (1981–1982), 47–146.

Kremer, Dieter (1980): «Tradition und Namengebung. Statistische Anmerkungen zur mittelalterlichen Namengebung». En: *Verba* 7, 75–155.

Kremer, Dieter (1992): «Spanisch: Anthroponomastik». En: Holtus, Günter / Metzeltin, Michael / Schmitt, Christian (eds.): *Lexikon der Romanistischen Linguistik*, vol. 6.1: *Aragonesisch / Navarresisch, Spanisch, Asturianisch / Leonesisch*, Tubinga: Niemeyer, 457–474.

Kremer, Dieter (2002): «*PatRom*: Genese, Ziele und Methoden eines umfassenden romanischen Personennamenbuchs». En: Geuenich, Dieter / Haubrichs, Wolfgang / Jarnut, Jörg (eds.) (2002): *Person und Name. Methodische Probleme bei der Erstellung eines Personennamenbuches des Frühmittelalters*, Berlín / Nueva York: De Gruyter, 30–59.

Kremer, Dieter (2004): «Sobre los apellidos españoles». En: *Rivista Italiana di Onomastica* 10.1, 9–32.

Labarta, Ana (1987): *La onomástica de los moriscos valencianos*, Madrid: C.S.I.C.

López Franco, Yolanda G. (1990): *La selección de los antropónimos en el nivel universitario. Estudio de un caso: la ENEP-Acatlán*, Facultad de Estudios Superiores Acatlán, Universidad Nacional Autónoma de México, México.

López Franco, Yolanda G. (2010): *Un siglo de nombres de pila en Tlalnepantla de Baz. Estudio lexicológico y sociolingüístico*, México, D. F.: Plaza y Valdés / UNAM.

Lozano Velilla, Arminda (1998): *Die griechischen Personennamen auf der iberischen Halbinsel*, Heidelberg: Winter.

Luces Gil, Francisco (1978): *El nombre civil de las personas naturales en el ordenamiento jurídico español*, Barcelona: Bosch.

Mateos, Pablo (2010): «El análisis geodemográfico de apellidos en México». En: *Papeles de Poblacion* 65.16, 73–103.

Medinaceli, Ximena (2003): *¿Nombres o apellidos? El sistema nominativo aymara. Sacaca, Siglo XVII*, Lima: Institut français d'études andines, http://books.openedition.org/ifea/4434 (10.5.2016).

Mora Monroy, Siervo Custodio (1976): «Breve estudio sobre apellidos y nombres propios de persona en Colombia». En: *Thesaurus* 31.3, 536–560.

Mora Peralta, Idanely (2008): *Topónimos y antropónimos mayas en documentos coloniales del siglo XVII*, Universidad Nacional Autónoma de México, México.

Morera Perez, Marcial (1991): «Diminutivos, apodos, hipocorísticos, nombres de parentesco y nombres de edad en el sistema de tratamientos populares de Fuerteventura». En: *Tebeto. Anuario del Archivo Histórico de Fuerteventura* 4, 197–218.

Mori, Olga (1985): «Observaciones sobre el uso del apodo en la Argentina». En: *Linguistique descriptive, Phonétique, morphologie et lexique. Actes du XVIIe Congrès International de Linguistique et Philologie Romanes*, vol. 3, Aix-en-Provence, 401–410.

Nübling, Damaris / Fahlbusch, Fabian / Heuser, Rita (2012): *Namen. Eine Einführung in die Onomastik*, Tubinga: Narr.

Piel, Joseph M. / Kremer, Dieter (1976): *Hispano-gotisches Namenbuch. Der Niederschlag des Westgotischen in den alten und heutigen Personen- und Ortsnamen der Iberischen Halbinsel*, Heidelberg: Winter.

Quilis, Antonio / Casado Fresnillo, Celia (2008): *La lengua española en Filipinas. Historia, situación actual, el chabacano, antología de textos*, Madrid: C. S. I. C.

Rincón González, María José (2002): «La antroponimia femenina dominicana (1945–1995)». En: *Actas del V Congreso Internacional de Historia de la Lengua Española, Valencia, 31 de enero - 4 de febrero de 2000*, Madrid: Gredos, 1589–1602.

Rossebastiano, Alda (ed.) (2009): *Il vecchio Piemonte nel Nuovo Mondo: parole e immagini dall'Argentina*, Alessandria: Edizioni dell'Orso.

Rossebastiano, Alda (ed.) (2012): *Identità e voci dell'emigrazione italiana nell'-America Latina*, Roma: Società Editrice Romana.

Rossebastiano, Alda / Tonda, Alfredo J. (2012): «L'onomastica degli emigrati, tra conservazione e innovazione». En: Rossebastiano, Alda (ed.): *Identità e voci dell'emigrazione italiana nell'America Latina*, Roma: Società Editrice Romana, 1–19.

Rother, Bernd (2001): «Die Iberische Halbinsel». En: Kotowski, Elke-Vera / Schoeps, Julius H. / Wallenborn, Hiltrud (eds.): *Handbuch zur Geschichte der Juden in Europa*, vol. 1: *Länder und Regionen*, Darmstadt: Primus Verlag, 325–49.

Sinner, Carsten (2013): «Weltsprache». En: Herling, Sandra / Patzelt, Carolin (eds.): *Weltsprache Spanisch. Variation, Soziolinguistik und geographische Verbreitung des Spanischen. Handbuch für das Studium der Hispanistik*, Stuttgart: Ibidem, 3–26.

Spitzmüller, Jürgen / Warnke, Ingo H. (2011): *Diskurslinguistik. Eine Einführung in Theorien und Methoden der transtextuellen Sprachanalyse*, Berlín / Boston: De Gruyter.

Tibón, Gutierre (1961): *Onomástica hispanoamericana. Índice de siete mil nombres y apellidos castellanos, vascos, árabes, judíos, italianos, indoamericanos, etc. y un índice toponomástico*, México: Unión Tipográfica Editorial Hispano Americana.

Tibón, Gutierre (1986): *Diccionario etimológico comparado de nombres propios de persona*, segunda edición, México: Fondo de Cultura Económica.

Trask, Robert L. (1997): *The History of Basque*, Londres / Nueva York: Rouledge.

Tuñon de Lara, Manuel / Tarradell, Miquel / Mangas, Julio ([3]1985): *Historia de España*, vol. 1: *Introducción. Primeras culturas e hispania romana*, Barcelona: Labor.

Ullrich, Elmar (1967): *Die marianische Advokation und ihre Funktion als Personenname im Neuspanischen*, Wurzburgo.

Untermann, Jürgen (1965): *Elementos de un atlas antroponímico de la Hispania antigua*, Madrid.

Untermann, Jürgen (ed.) (1990): *Monumenta linguarum Hispanicarum*, vol. 3: *Die iberischen Inschriften aus Spanien. 1. Literaturverzeichnis, Einleitung, Indices*, Wiesbaden: Reichert.

Untermann, Jürgen (ed.) (1997): *Monumenta linguarum Hispanicarum*, vol. 4: *Die tartessischen, keltiberischen und lusitanischen Inschriften*, Wiesbaden: Reichert.

Urawa, Mikío (1985): «Muestra de hipocorísticos en el español bogotano». En: *Thesaurus* 40.1, 51–102.

Vallejo Ruiz, José María (2005): *Antroponimia indígena de la Lusitania romana*, Vitoria: Universidad del País Vasco.

Viejo Fernández, Julio (1998): *La onomástica asturiana bajomedieval. Nombres de persona y procedimientos denominativos en Asturias de los siglos XIII al XV*, Tubinga: Niemeyer.

Vones, Ludwig (1993): *Geschichte der Iberischen Halbinsel im Mittelalter (711–1480). Reiche – Kronen – Regionen*, Sigmaringa: Thorbecke.

Wodtko, Dagmar S. (2000): *Wörterbuch der keltiberischen Inschriften*, Wiesbaden: Reichert.

Zabalza Seguín, Ana (2008a): «Nombres viejos y nombres nuevos. Sobre la onomástica moderna». En: *Memoria y civilización: anuario de historia* 11, 105–134.

Zabalza Seguín, Ana (2008b): «Atando cabos. La formación del apellido en la Navarra Moderna». En: *Oihenart: cuadernos de lengua y literatura* 23, 597–612.

Zamborain, Romina Silvia (s. a. a): *El derecho al nombre indígena en la legislación argentina*, Universidad de Buenos Aires, http://www.linguasur.com.ar/

panel/archivos/92b6f44c23218cfa4615840d293b59f4PONENCIA2006.pdf (15.5.2016).

Zamborain, Romina Silvia (s. a. b): *En torno a la ley del nombre y los fallos de la Corte Suprema de Justicia de la Nación: 1945-1995*, http://www.linguasur.com.ar/publicaciones.php (15.5.2016).

Zamborain, Romina Silvia (s. a. c): *El nombre de pila como signo ideológico. Un estudio de la legislación argentina sobre los nombres*, http://www.linguasur.com.ar/publicaciones.php (15.5.2016).

Zeuske, Michael (2011): «The Names of Slavery and Beyond: the Atlantic, the Americas and Cuba». En: Schmieder, Ulrike / Füllberg-Stolberg, Katja / Zeuske, Michael (eds.): *The End of Slavery in Africa and the Americas. A Comparative Approach*, Berlín: LIT, 51-80.

Inhaltsverzeichnis

Für meinen Doktorvater Dieter Kremer

1. Einleitung

1.1. Terminologisches

Unter ‚hispanischen' Anthroponymen bzw. Anthroponymen im Spanischen[1] kann im weitesten Sinne die Gesamtheit aller Personennamen in spanischsprachigen Ländern und Regionen verstanden werden. Dabei können neben den 21 Staaten mit Spanisch als alleinige oder kooffizielle Amtssprache[2] Gebiete berücksichtigt werden, wo Spanisch etwa historisch bedingt von einer Minderheit gesprochen wird und nicht mehr offiziell verankert ist.[3] So gesehen können Personennamen wie *Hipólito Yrigoyen* (Präsident Argentiniens in 1916–1922 und 1928–1930 mit einem Familiennamen baskischer Herkunft) oder *Ollanta Moisés Humala Tasso* (Präsident Perús in 2011–2016 mit dem ersten Rufnamen und dem väterlichen Familiennamen der Quechua-Herkunft sowie dem mütterlichen Familiennamen italienischer Herkunft) als ‚hispanisch' eingestuft werden.

Im engeren Sinne entsprechen ‚hispanische' Anthroponyme den Personennamen spanischer Etymologie, d. h. Namen, die aus dem lexikalischen Material und mittels nominalmorphologischer Regeln der spanischen (Standard-)Varietäten gebildet worden sind.

Die vorliegende Studie beschränkt sich auf eine diachrone und synchrone Überblicksdarstellung der häufigsten Ruf- und Familiennamen in den monolingualen kastilischsprachigen Regionen Spaniens[4] sowie in ausgewählten Ländern Hispanoamerikas, vor allem Mexiko und Argentinien. Unter ‚Rufnamen' – für die modernen Epochen synonym zu ‚Vornamen' – werden die nach der Geburt verliehenen Individualnamen (*nombres de pila* bzw. *prenombres*), unter

---

1 Obwohl die Bezeichnung ‚hispanische Personennamen', parallel zu ‚antropónimos hispánicos', die Gefahr einer Überschneidung mit Personennamen in Hispanien, d. h. auf der Iberischen Halbinsel in der Antike, in sich birgt, wird in der vorliegenden Studie ‚hispanisch' für Anthroponyme in Spanien und Hispanoamerika verwendet.

2 Äquatorialguinea, Argentinien, Bolivien, Chile, Costa Rica, Dominikanische Republik, Ecuador, El Salvador, Guatemala, Honduras, Kolumbien, Kuba, Mexiko, Nicaragua, Panama, Paraguay, Peru, Puerto Rico, Spanien, Uruguay und Venezuela (vgl. Sinner 2013).

3 Vgl. hispanische Namen auf den Philippinen: „Todos los cálculos apuntan a que entre el 89 % y el 95 % de los apellidos filipinos son de orígen español" (Quilis / Casado Fresnillo 2008: 487, Fußnote 1).

4 Personennamen in den zwei- bzw. mehrsprachigen autonomen Regionen Galicien, Katalonien und Baskenland verdienen eine gesonderte Darstellung.

71

,Familiennamen' – für die modernen Epochen synonym zu ,Nachnamen' – die vererbbaren Personennamen (*apellidos*) gemeint. Die Termini ,Onymie' / ,Anthroponymie' beziehen sich auf den Personennamenbestand, ,Onomastik' / ,Anthroponomastik' auf die Wissenschaft über Eigen- / Personennamen.

Folgende Aspekte werden in der vorliegenden Überblicksdarstellung entsprechend dem aktuellen Forschungsstand schwerpunktmäßig behandelt: Entwicklung des Namensystems und des Namenschatzes seit der vorrömischen Zeit, etymologische und semantische Zusammensetzung des Namenschatzes, Namenbildung, Gesetzgebung und Sprachpolitik, statistische Angaben, Benennungsmotivation und Laienonomastik bzw. metaonymische Laiendiskurse.

1.2. Forschungsstand

Auf dem Gebiet der hispanischen Anthroponomastik sind historisch-lexikologische Fragestellungen bisher am besten untersucht worden. Die chronologischen Schwerpunkte liegen dabei auf den Epochen der Antike und des Mittelalters. Das Interesse der Sprachwissenschaftler an der frühesten Geschichte der spanischen Anthroponymie erklärt sich vor allem dadurch, dass die Sprachzeugnisse mehrerer auf der Iberischen Halbinsel ansässiger Völker (Tartesser, Iberer, Kelten, Keltiberer, Westgoten, Sueven usw.) überwiegend im Personennamengut erhalten sind. Mittelalterliche Personennamen, die in großer Zahl in der urkundlichen Überlieferung in Mittellatein enthalten sind, erlauben ferner Aufschlüsse über die Geschichte der iberoromanischen Sprachen, Jahrhunderte bevor die volkssprachliche Überlieferung im 13. Jh. einsetzt (vgl. Becker 2008).

Eine Reihe monographischer Untersuchungen, Namenbücher und -glossare beleuchten die Entwicklung und die etymologische Zusammensetzung des spanischen Personennamenschatzes seit den frühesten schriftlichen Zeugnissen bis ins Spätmittelalter: *La onomástica personal primitiva de Hispania Tarraconense y Bética* (Albertos Firmat 1966), *Antroponimia indígena de la Lusitania romana* (Vallejo Ruiz 2005), *Elementos de un atlas antroponímico de la Hispania antigua* (Untermann 1965), *Monumenta Linguarum Hispanicarum* (Untermann 1990, id. 1997, Wodtko 2000)[5], *Los nombres personales en las inscripciones latinas de Hispania* (Abascal Palazón 1994), *Die griechischen Personennamen auf der Iberischen Halbinsel* (Lozano Velilla 1998), *Die germanischen Personennamen in*

---

5 Die drei genannten Bände der *Monumenta*-Reihe behandeln die iberischen, keltiberischen, tartessischen und lusitanischen Inschriften der Iberischen Halbinsel aus linguistischer Sicht, wobei ein Großteil des entsprechenden Sprachkorpus aus Personennamen besteht.

Katalonien. Namensammlung und Etymologisches (Kremer 1969–1972), *Hispano-gotisches Namenbuch* (Piel / Kremer 1976), *Hispano-romanisches Namenbuch* (Becker 2009a), *Apellidos castellano-leoneses (siglos IX–XIII, ambos inclusive)* (Diez Melcón 1957), *Bemerkungen zu den mittelalterlichen hispanischen* cognomina (Kremer 1970–1982), *La onomástica asturiana bajomedieval* (Viejo Fernández 1998), *La onomástica de los moriscos valencianos* (Labarta 1987). Entsprechend der Spezifik der historischen schriftlichen Zeugnisse werden in den genannten Sekundärquellen die Namen von Oberschichten sowie Männernamen am besten beleuchtet.

Monographische Untersuchungen zur Geschichte der hispanischen Personennamengebung seit der Frühen Neuzeit sind hingegen spärlich. Zu nennen sind folgende Studien: *Antroponimia madrileña del siglo XVII. Historia y documentación* (García Gallarín u. a. 1997), *Zur modernen spanischen Vornamengebung: Die Vornamen in Salamanca von 1900 bis 1987* (Homge 1988), *Gesellschaftliche Veränderungen im Spiegel der Namengebung: Eine empirische Untersuchung anhand spanischer Vornamen in der Stadt Jávea* (Grünwald 1994) sowie *Namengebung und Namenverhalten im Spanien der 70er Jahre* (Hafner 2004).

Lexika der aktuellen Ruf- und Familiennamen bilden eine weitere Literatursparte im Bereich der hispanischen Anthroponomastik. Zu nennen sind folgende Nachschlagewerke über Rufnamen: *Diccionario etimológico comparado de nombres propios de persona* (Tibón 1986), *Los nombres de pila españoles* (García Gallarín 1998), *Diccionario de nombres propios* (Faure 2002), *Diccionario histórico de nombres de América y España. Estudio preliminar* (García Gallarín 2014). Familiennamen werden in den folgenden Lexika behandelt: *Onomástica hispanoamericana. Índice de siete mil nombres y apellidos castellanos, vascos, árabes, judíos, italianos, indoamericanos, etc. y un índice toponomástico* (Tibón 1961) und *Diccionario de apellidos españoles* (Faure u. a. 2001). Die etymologisch-historische Analyse in den genannten Lexika entspricht allerdings nicht den wissenschaftlichen Anforderungen (vgl. Kremer 2004: 10–16).

Im Rahmen des internationalen Projektes *Patronymica Romanica* (vgl. Kremer 2002) wurden die bisher zuverlässigsten Kriterien für die etymologisch-historische Analyse des diachronen und synchronen anthroponymischen Materials herausgearbeitet, die in den ersten Bänden des *Dictionnaire historique de l'anthroponymie romane* (Cano u. a. 2004 und 2015) angewendet wurden. Auch Ruf- und Familiennamen auf der Iberischen Halbinsel, die den entsprechenden semantischen Kategorien angehören, werden in diesem Nachschlagewerk mitbehandelt.

Die varietätenlinguistischen Spezifika der Personennamen in spanischsprachigen Ländern sind für die neueren Epochen bisher äußerst unzureichend erforscht worden. Für die Regionen Spaniens sind z. B. Studien über Personennamen in

Aragón von Buesa Oliver 1989, 2002 und von Buesa Oliver / Lagüéns Gracia 1993, 1995, 1998; Morera Pérez 1991 für Spitznamen und Hypokoristika in Fuerteventura; Zabalza 2008a, 2008b für Personennamen in Navarra (im 16.–18. Jh.) sowie Fernández Juncal 2000 für Übernamen in Kantabrien zu nennen.[6] Für den Rufnamenbestand in außereuropäischen Gebieten liegen folgende Monographien vor: *Un siglo de nombres de pila en Tlalnepantla de Baz* (López Franco 2010) und *Nombres propios de persona en la República Dominicana* (Alba 2013). Die folgende tabellarische Übersicht stellt einige der wenigen Beiträge zur Anthroponymie – vor allem zu den Rufnamen – in einzelnen Ländern Hispanoamerikas in chronologischer Reihenfolge zusammen:

Tabelle 1: Beiträge zur Anthroponymie in einzelnen Ländern Hispanoamerikas.

Mexiko	Kolumbien	Argentinien	Dominikanische Republik	Kuba	Puerto Rico
Boyd-Bowman 1970 Alcalá Alba 1986 López Franco 1990 Baez Pinal u. a. 1993 Baez Pinal u. a. 1994 Jiménez Segura 2005 Mateos 2010 Jiménez Segura 2014	Mora Monroy 1976 Urawa 1985	Mori 1985 Díaz de Martínez 2003 Zamborain o. J. a, o. J. b, o. J. c	Rincón González 2002	Camacho Barreiro 2003 Zeuske 2011	Álvarez Nazario 1967 Fayer 1988

Sehr wenig ist über Familiennamen in Hispanoamerika bekannt. Nützliche Hinweise zur Geschichte einzelner Familiennamen enthalten Studien im genealogischen Kontext (z. B. Bustos Argañarás 2014), die jedoch insgesamt als unwissenschaftlich eingestuft werden müssen.

Eine Seltenheit bleiben wissenschaftliche Abhandlungen über indigene Personennamen, vgl. *Antropónimos de Canarias* (Álvarez Delgado 1956), *Cambio y evolución de la antroponimia náhuatl* (Horcasitas 1973), *Antroponimia náhuatl*

---

6   Die Publikationen der so genannten „Academia de l'Aragonés" (vgl. Academia de l'Aragonés 2014) besitzen hingegen keine wissenschaftliche Grundlage.

en los antiguos mexicanos. Génesis y pervivencia (Aguilar Salas 1988), *¿Nombres o apellidos? El sistema nominativo aymara. Sacaca, Siglo XVII* (Medinaceli 2003) sowie *Topónimos y antropónimos mayas en documentos coloniales del siglo XVII* (Mora Peralta 2008).

Einige neuere Studien behandeln ausgewählte Aspekte an der Schnittstelle zwischen Onomastik und Migrationslinguistik, so Rossebastiano / Tonda 2012 und Cacia 2012 über Personennamen der italienischen Migranten in Argentinien sowie García Gallarín 2007c über Personennamen von Migranten in Madrid. Hatolong Boho 2014 widmet sich den „hispanischen" Namen in den sprachlichen Landschaften (*linguistic landscapes*) Kameruns.

Außer den offiziellen Personennamen bilden Hypokoristika eine Besonderheit der hispanischen Personennamengebung, die mehrfach untersucht wurde, so von Boyd-Bowman 1955, Urawa 1985, Morera Pérez 1991 und Alba 2013 (S. 29–56). Die Monographie *Die marianische Advokation und ihre Funktion als Personenname im Neuspanischen* (Ullrich 1967) behandelt neben Díaz de Martínez 2003 eine weitere Besonderheit der hispanischen Anthroponymie. Fernández Juncal 2000 widmet sich ferner der Bildung von Übernamen; Fernández Juncal 2001 und 2008 dem Einfluss sozialer Variablen ‚Geschlecht' und ‚Alter' auf die Personennamengebung in Spanien.

Einige Fragen der anthroponomastischen Terminologie werden bei Bajo Pérez 2008 geklärt. Im Bereich der Namengrammatik können der Beitrag von Fernández Leborans 1999 zur Syntax von Eigennamen, vor allem Anthroponymen und Toponymen, sowie die Monographie *La caracterización morfosintáctica del nombre propio* (Bajo Pérez 2002) genannt werden.

Fragen der gesetzlichen Regelung der Personennamengebung in Spanien sind zwei Monographien gewidmet: *El nombre civil de las personas naturales en el ordenamiento jurídico español* (Luces Gil 1978) sowie *El nombre y los apellidos. Su regulación en derecho español y comparado* (Fernández Pérez 2015). García González / Coronado González 1991 behandeln schließlich Aspekte der Übersetzung von Anthroponymen.

Zusammenfassend kann festgestellt werden, dass mit Ausnahme des Personennamenbestandes in der Antike und im Mittelalter sowie einiger Aspekte, wie etwa das Namenrecht in Spanien, die hispanische Anthroponymie äußerst mangelhaft erforscht ist.

1.3. Desiderata

Obwohl die Geschichte des Personennamenschatzes im Mittelalter den wohl am besten erforschten Bereich der hispanischen (aber auch der lusophonen, galicischen und katalanischen) Anthroponomastik darstellt, sind auch in diesem Kontext empfindliche Desiderata zu verzeichnen. Dazu gehören in erster Linie ein *Sephardisches Namenbuch*, das einen wesentlichen Beitrag zur Kultur- und Mentalitätsgeschichte der sephardischen Juden liefern würde, sowie ein *Hispano-arabisches Namenbuch*, das u. a. für die Erforschung der berberischen und arabischen Varietäten im mittelalterlichen Spanien von Interesse wäre.

Zu den dringenden Desiderata der hispanischen Anthroponomastik zählen in erster Linie grundlegende, korpusbasierte Untersuchungen zur Personennamengebung seit dem 16. Jh. bis zur Gegenwart in Spanien und in den außereuropäischen Gebieten.

Mit Ausnahme von Hypokoristika ist der tatsächliche Namengebrauch jenseits der offiziellen Personennamen, der mit Methoden der Sozioonomastik, Namenpragmatik und Konversationsanalyse erschlossen werden kann, kaum erforscht.

Vielversprechende Ergebnisse dürfte der Bereich der Laienonomastik liefern, der u. a. einen Einblick in subjektive Einflussfaktoren bei der Rufnamenwahl gewährt. Eine Auswahl laienonomastischer Fragestellungen am Beispiel metaonymischer Online-Diskurse wird in der vorliegenden Studie vorgestellt.

2. Personennamen in der Antike und im Frühmittelalter[7]

Die Mehrzahl der heutigen hispanischen Ruf- und Familiennamen blickt auf eine jahrtausendelange Geschichte zurück. Um die etymologischen Schichten des Personennamenschatzes auseinanderhalten und die Herausbildung des Namensystems nachvollziehen zu können, ist eine Betrachtung unterschiedlicher chronologischer Entwicklungsetappen seit der vorrömischen Zeit unerlässlich. Es versteht sich von selbst, dass für die Epochen der Antike und des Frühmittelalters von Personennamen der Iberischen Halbinsel bzw. der zeitgenössischen Verwaltungseinheiten (Provinzen, Grafschaften, Königreichen usw.) und nicht von ‚spanischen‘ bzw. ‚hispanischen‘ Anthroponymen die Rede sein kann.

Die ersten schriftlichen Zeugnisse der Sprachen, die auf der Iberischen Halbinsel gesprochen wurden, datieren vom 7.–5. Jh. v. Chr. Es handelt sich dabei um Inschriften auf Stein, Blei- und Keramiktafeln, die u. a. zahlreiche Personennamen enthalten. Zu den ältesten ethnischen Gruppen auf der Iberischen Halbinsel gehören die tartessischen Stämme im Südwesten (ca. zwischen dem 11. und dem 6. Jh. v. Chr.), die vermutlich nicht indogermanischsprachig waren. Zur tartessischen Sprache und Anthroponymie liegen beinahe keine Erkenntnisse vor (Untermann 1997: 156–158). Im Nordwesten und in der südlichen Meseta siedelten seit dem Anfang des 1. Jahrtausends v. Chr. indogermanische Stämme. Der indogermanischen Sprachgruppe gehört die schlecht dokumentierte und daher wenig bekannte Sprache der Lusitaner an (Untermann 1997: 726). Wesentlich besser erforscht sind hingegen die iberischen und insbesondere die keltiberischen Sprachen und Personennamen (Untermann 1990: 195–206; Untermann 1997: 420–34). Die iberische Zivilisation erstreckte sich vom mittleren Andalusien bis nach Südfrankreich und erreichte ihre Blüte zwischen 450 und 200 v. Chr. Die kulturell ‚iberisierten‘, aber keltisch sprechenden keltiberischen Stämme sind erst seit der Romanisierung greifbar. Die vollständige Romanisierung des keltiberischen Gebietes erfolgte im Laufe des 1. Jh. v. Chr. (Untermann 1997: 362–73). Auf das 9.–8. Jh. gehen die frühesten Spuren der phönizischen Kolonisation im Süden zurück (Untermann 1990: 112, A.3). Die Ankunft der griechischen Kolonisatoren wird in das 6. Jh. datiert. Während einige große punische und griechische Kolonien bis heute ihre ursprünglichen Namen beibehalten haben – *Gadir*

---

7 Der vorliegende Überblick basiert auf den Darstellungen in Brendler / Kouznetsova 2007 und Becker 2009a: 15–18.

(*Cádiz*), *Abdera* (*Adra*), *Malaca* (*Málaga*), *Emporion* (*Empúries*), *Rhoda* (*Roses*) (Correa Rodríguez 2004: 37) –, blieb der Personennamenschatz der Iberischen Halbinsel weitgehend frei von phönizischen Elementen. Der direkte griechische Einfluss auf den Personennamenbestand der Halbinsel kann mangels entsprechender Untersuchungen kaum eingeschätzt werden.

Zu Beginn der römischen Kolonialisierung der Halbinsel seit dem zweiten Punischen Krieg (218–204) umfasste das keltischsprachige Gebiet einen Teil des Ebrotals, die Meseta, Gallaecia, einen Bereich südlich von Gallaecia (Tuñon de Lara u. a. 1985: 91) sowie das Nordzentrum, wo die keltiberische Sprache gesprochen wurde. Der iberische Sprachraum umfasste die Ostküste. Die Romanisierung der Halbinsel nahm beinahe zwei Jahrhunderte in Anspruch. Das kantabrische Gebiet wurde erst bis zum Jahr 25 v. Chr. definitiv erobert (Tuñon de Lara u. a. 1985: 171–172).

Ein Teil des im Mittelalter baskischsprachigen Gebietes, der den heutigen Provinzen Guipúzcoa und Vizcaya entspricht, sowie der Bereich nördlich des heutigen Pamplona wurden nie vollständig romanisiert. Im Gebiet, das den heutigen Provinzen Álava und Navarra entspricht, sowie in Aquitanien sind lateinische Personennamen auf Inschriften reichlich belegt, was von einem hohen Grad der Romanisierung zeugt (Echenique Elizondo 1984: 58). Die Frage der baskischen Präsenz auf der Halbinsel ist noch unzureichend geklärt (Trask 1997: 35–40). Jedenfalls darf das Aquitanische als die einzige bekannte Sprache, die nachweislich mit dem Baskischen verwandt ist, angesehen werden (Trask 1997: 398–403). Die im Mittelalter bezeugten Frauennamen *Amunna, Annaia, Anderazo* sowie Männernamen *Eita, Ionti* und *Ochoa* dürften baskischer Herkuft sein.

Das Personennamengut der vorrömischen Völker macht zu einem großen Teil die Einzigartigkeit des gesamthispanischen Ruf- und Familiennamenschatzes aus, die zum Teil bis heute spürbar ist. Unter den typischen vorrömischen Personennamen sind: im tartessischen Gebiet: *Antullus, Attenius, Broccus, Sisiren, Siseia, Sisanna* (Untermann 1997: 156); im lusitanischen Gebiet: *Albicus, Albonius, Amoenus, Aturus, Dutia, Maelo, Tancinus* (Untermann 1997: 726, A.10); im keltiberischen Gebiet: *Atta, Caburus, Elaesus, Medugenus, Rectugenus, Toutius* (Untermann 1997: 420–33); im iberischen Gebiet: *Adimels, Beles, Burdo, Enneges, Ordennas, Sanibelser, Sergeton* f., *Turinnus*.[8]

---

8   Die Namenliste einer hispanischen Hilfstruppe aus dem Jahr 89 v. Chr., der *turma Salluitana*, ist für die Personennamengebung des gesamten iberischen Sprachgebietes repräsentativ (Untermann 1990: 195).

Die keltiberische Namenformel besteht aus dem Individualnamen und dem mit einem Suffix gebildeten Familiennamen im Genitiv Plural oder im Genitiv Singular (Untermann 1997: 420). Die Iberer fügten dem Individualnamen den nachgestellten Namen des Vaters in der unveränderten Form hinzu (Untermann 1990: 197). Vermutlich aus der vorrömischen Zeit stammt das seit dem Frühmittelalter überlieferte patronymische Suffix -ʹiz, im heutigen Spanisch -ʹez, das allerdings inschriftlich nicht belegt ist (Becker 2009a: 94–97).

Die Römer brachten zusammen mit ihrer Sprache ihre Personennamen und ihr Personennamensystem auf die Iberische Halbinsel mit. Das lateinische Personennamengut der Provinz Hispanien weist nach dem derzeitigen Forschungsstand nur wenige Besonderheiten im Vergleich zu anderen römischen Provinzen auf, z. B. die Konzentration der Personennamen von Verwandtschaftsbezeichnungen (*Avitus, Fraternus, Maternus, Paternus*) in den keltischsprachigen Gebieten Hispaniens und Galliens (Kajanto 1965: 18; 80). Mögliche Einflüsse der einheimischen Traditionen auf den Namenschatz des römischen Hispanien sind jedoch bisher kaum untersucht worden.

Wie in anderen Teilen des Römischen Imperiums war im Hispanien der späten Republik und der frühen Kaiserzeit das *tria nomina*-System nach dem Muster Praenomen + Gentilname + Cognomen, z. B. *Lucius Aemilius Paullus*, verbreitet. Zu den ursprünglichen Praenomina – Individualnamen der Römer und zugleich der ältesten Schicht des lateinischen Namenschatzes – gehören folgende Namen, die bis ins Mittelalter häufig belegt sind: *Aulus, Lucius, Sergius, Servius, Titus, Tullius*. Die Gentil- bzw. Stammnamen (auf Latein *nomina gentilia* oder *nomina gentilicia*) entsprechen den Bezeichnungen der *gens*, im weiteren Sinne Familiennamen der Römer, die im Namensystem *tria nomina* den zweiten Platz einnahmen und in der Regel mit dem Suffix -ʹius gebildet wurden. Unter den Gentilnamen, die bis ins Mittelalter in Hispanien getragen wurden, befinden sich: *Aemilius, Aurelius, Fabius, Flavius, Lucretius, Marius, Octavius, Sidonius, Terentius, Valerius*. Die Cognomina waren Beinamen der Römer, die im Namensystem *tria nomina* den dritten Platz einnahmen. Ursprüngliche Individualcognomina konnten zu erblichen Familiencognomina werden, vgl. das Individualcognomen *Scipio*, das zum Familiencognomen eines Zweiges der *gens Cornelia* wurde. Folgende hispanische Personennamen gehen auf Cognomina zurück: *Abundius, Aeternus, Amantius, Asinarius, Avitus, Beatus, Constantius, Crescens, Dulcidius, Emeritus, Ferrocinctus, Florentius, Fortis, Fortunius, Gaudentius, Maximus, Mauricius, Principius, Rufinus, Sanctus, Severus, Urbanus, Valentius, Vitalis*.

Die ersten Juden auf der Iberischen Halbinsel bildeten einen Teil der antiken Diaspora, die in alle Provinzen des Römischen Reiches verstreut wurde (Baer 1961: Bd. 1, 16). Sichere Zeugnisse der jüdischen Präsenz gibt es ab dem 3.–4. Jh. n. Chr. (Rother 2001: 325). Die Mehrheit der Personennamen hebräischen Ursprungs erreichte die Iberische Halbinsel allerdings mit der Verbreitung der christlichen Religion. Seit dem Beginn der arabischen Eroberung in 711 bis ins 9. Jh. lebten die Juden ausschließlich unter muslimischer Herrschaft und nicht in den christlichen Gebieten (Rother 2001: 332). Unter den frühesten Zeugnissen der jüdischen Präsenz im christlichen Norden der Iberischen Halbinsel sind folgende Belege zu nennen: *Abzecri* iudeo a.977 (Sahagún), *Vitas* hebreo a.1008 (León), *Citiello* iudeo a.1017 (San Millán de la Cogolla), *Nomenbonu* ebreo a.1038 (León), *Copiosa* ebrea a.1040 (León), *Fiduciale* ebreo a.1044 (León) usw. (Becker 2009a: 51–52). Neben Personennamen hebräischer Herkunft wie *Abraham, Ava, Choen, Iacobus, Isaac, Iuda, Moise / Mosse, Nathan* usw. trugen hispanische Juden Namen lateinisch-romanischer Etymologie: *Benevenisti, Bonushomo, Bonavita, Copiosa, Crescentius, Felicitas, Fiducialis, Nomenbonus, Perfectus, Vitas, Vivas, Donadeus, Maior, Maurus, Salvator* usw. Personennamen germanischen Ursprungs wurden von Juden offenbar äußerst selten getragen (Becker 2009a: 52; Becker 2009b: 143). Bei einigen verbreiteten jüdischen Namen lateinisch-romanischer Etymologie sind ‚Übersetzungen' aus dem Hebräischen zu vermuten: Der Name *Benevenisti* könnte z. B. der hebräischen Grußformel *schalom, Perfectus* ebenfalls dem Lexem und Personennamen *Schalom* mit Konnotationen 'Friede' und 'vollkommen' entsprechen (Kaganoff 1977: 13; 57). Erst im Spätmittelalter wurde den Juden und Muslimen das Tragen christlicher Rufnamen explizit untersagt, so in den *Cortes* von Valladolid von 1315 (Kremer 1992: 469).

Infolge der Völkerwanderung überquerten im Jahr 409 die Stämme der Wandalen, Sueven und Alanen die Pyrenäen. Im Jahr 456 drangen die Westgoten unter Teoderich II. auf die Iberische Halbinsel ein (Collins 1983: IX). Die germanischen Stämme brachten eine neue Schicht der Personennamen nach Hispanien mit. Seit dem 5.–6. Jh. sind Personennamen germanischer, überwiegend westgotischer Herkunft, zunächst in geringer Zahl und kontinuierlich zunehmend, überliefert, vgl. die Belege: *Atanagildi* a.558, *VViliulfus* a.562, *Gunthoerta* a.618, *Teodemirus* a.662. Seit dem 8. Jh. erscheinen die westgotischen Personennamen „in überraschender Zahl, Vielfalt und Echtheit" (Piel / Kremer 1976: 13) und im 12.–13. Jh. erreichte die Mode von Namen germanischer Herkunft ihre volle Blüte. Die heutigen, als typisch ‚hispanisch' empfundenen Vornamen westgotischer Herkunft *Alfonso, Álvaro, Elvira, Fernando, Gonzalo, Ramiro, Rodrigo* waren bereits im frühmittelalterlichen Hispanien beliebt. Ebenfalls aus dem Frühmittelalter stammen die hybriden romanisch-germanischen Bildungen

Cresce-mirus, Dulce-mirus, Aure-sindus, Flore-sindus, Hispano-sindus usw. (vgl. Becker 2009a: 100).

Infolge der arabischen Eroberung seit dem Jahr 711 brach das westgotische Reich zusammen. Weitere politische Transformationen wie die Entstehung der Reconquista-Zentren nach der Schlacht von Covadonga im Jahr 722 und die Herausbildung der Hispanischen Mark (*Marca Hispanica*) nach der Eroberung Barcelonas unter Karl dem Großen im Jahr 801 (Collins 1983: 255; Vones 1993: 52) bestimmten die zukünftige Sprachsituation auf der Iberischen Halbinsel. Seit dem ausgehenden 9. – Anfang des 10. Jh. sind im Nordwesten Personennamen arabischen Ursprungs, welche die aus dem maurischen Süden eingewanderten Mozaraber trugen, überliefert: z. B. *Abozuleiman* a.912, *Abdellaziz* a.914, *Mutarraf* a.916, *Abolfeta* a.919. Die Auswanderung von Mozarabern wurde vermutlich durch die gewalttätigen Konflikte in Al-Andalus im 9.–10. Jh. ausgelöst (Collins 1983: 221). Zusammen mit zahlreichen Personennamen arabischer Herkunft (*Abderrahaman, Aiub, Habib, Mahomat, Melic, Omar, Salit, Valit, Zalama*) tritt die arabische Filiationsformel *iben* (arabisch *ibn* ‚Sohn') in Urkunden auf, vgl. Coraisci *eben Bonellus* a.918, Maurellus *iben Dauid* a.919. Der direkte arabische Einfluss auf den hispanischen Personennamenschatz hielt sich in Grenzen: Lediglich der moderne Familienname *Benegas* setzt sich ursprünglich aus *iben* und dem Personennamen *Egas* westgotischer Etymologie zusammen.

Im Nordosten kamen seit dem 9. Jh. westfränkische Personennamen zu den westgotischen hinzu (Kremer 1969–1972: 19): *Leudegarda* a.886, *Geradoardo* a.888, *Rodoardus* a.920, *Arlabaldus* a.924. Im 11. und 12. Jahrhundert führte der Aufstieg des Zisterzienserordens und der Zustrom der Pilger auf dem Jakobusweg infolge der ‚Entdeckung' der Grabstätte des Apostels Jakobus während der Herrschaft Alfons II. von Asturien (789–842) zur Verstärkung der galloromanischen Präsenz auf der Iberischen Halbinsel (Boullón Agrelo 1997: 869–871), vgl. die im 12. Jh. im Nordwesten der Iberischen Halbinsel eingeführte galloromanische Namenform *Gil* < *Aegidius* sowie folgende galloromanische Personennamen meist germanischer Etymologie in der Überlieferung von Navarra und Kastilien: *Arnaldus, Berengarius, Frotardus, Gaston, Geraldus, Lambertus, Raimundus, Richardus*.

Ein besonderes Kennzeichen des frühmittelalterlichen Personennamenschatzes bildet die Tatsache, dass zahlreiche Namenschöpfungen mit den Mitteln des Alltagswortschatzes gebildet wurden und somit genaue lexikalische Entsprechungen hatten, vgl. die Frauennamen *Orobellido* ‚hübsches Goldstück', *Domna Bona* ‚gute, vornehme Herrin / Frau', *Dulce* ‚süß, lieb', *Graciosa* ‚anmutig, lieb', *Maior* ‚die ältere Schwester' sowie die Männernamen *Falcon* ‚Falke', *Ferro* ‚Eisen', *Padre* ‚Vater' usw.

3. Personennamen seit dem Spätmittelalter bis heute

Erst seit dem Aufkommen der vererbbaren Familiennamen seit dem 12. Jh. kann eine Trennung zwischen Ruf- und Familiennamen bzw. Vor- und Nachnamen vorgenommen werden, die im weiteren Sinne dem modernen Verständnis dieser Begriffe entspricht.

3.1. Rufnamen

3.1.1. Entwicklung und Etymologie

Seit dem 11. Jh. (im baskischen Sprachraum sowie im Nordzentrum früher) begann sich der Rufnamenbestand aufgrund des Aufkommens hoch frequenter ‚Modenamen' und wegen des zunehmenden Einflusses der christlichen Namen, darunter biblischer Namen und Heiligennamen, zu reduzieren. Allmählich spielten wie im restlichen Westeuropa Rufnamen wie *Pedro, Domingo, Juan, María, Martín, Miguel, Pascual*, die z. T. bereits in den früheren Jahrhunderten außerordentlich verbreitet waren (so *Pedro*), eine dominierende Rolle (Kremer 1992: 463–464). Der allgegenwärtige Einfluss der katholischen Kirche spiegelte sich insbesondere nach dem Konzil von Trient (1545–1563) in der Beschränkung der Namengebung auf die Namen der Heiligenverzeichnisse wider. Unter weiteren Einflüssen auf die Herausbildung neuer christlicher ‚Modenamen' können „die aus Frankreich ausstrahlenden Klosterreformen, die Pilgerfahrten nach Santiago, die fortschreitende Reconquista mit der massiven Ansiedlung von ‚Fremden' (Sevilla, Jerez, Murcia, Valencia usw.)" (Kremer 1992: 463) genannt werden. Ältere Traditionsnamen wie *García, Pelayo, Muño, Bermudo, Gonzalo, Nuño* usw. büßen hingegen an Beliebtheit ein (Kremer 1992: 463). Bei den Frauennamen ist diese Entwicklung weniger stark ausgeprägt: Neben dem beliebten christlichen Namen *par exellence María* konnten sich traditionelle *Elvira, Xemena, Sancha, Urraca* usw. weiterhin halten (Kremer 1992: 464).

Seit dem ausgehenden 15. Jh. wurden die spanische Sprache und Namen in die Neue Welt getragen. Boyd-Bowman (1970: 12) kommt anhand seiner Analyse der Namen von 40.000 spanischen Siedler in Amerika im 16. Jh. zum Schluss, dass eine deutliche Mehrheit der untersuchten Personen einen der wenigen beliebten Namen mit dem Ursprung aus dem Neuen Testament (*Juan, Pedro, Francisco, Antonio, Baltasar, Gaspar, Melchior*) trug: Im Vergleich zum

12.–13. Jh. hat sich die Situation kaum verändert. In den ersten Jahrhunderten der Kolonialisierung können anhand der offiziellen schriftlichen Quellen keine Unterschiede zwischen der ‚spanisch-europäischen‘ und ‚hispanoamerikanischen‘ Namengebung ausgemacht werden. Die spanischen Konquistadoren und die ersten ‚criollos‘, d. h. geborene Amerikaner spanischer Abstammung, trugen selbstverständlich typische spanische Namen. So befinden sich unter den häufigsten Rufnamen in den Taufregistern der Kathedrale von Mexiko zwischen 1540 und 1660 *Juan, Diego, Francisco, Pedro, Antonio, Alonso, Luis* sowie *María, Juana, Isabel, Ana, Catalina, Beatriz* (Boyd-Bowman 1970: 16).

Die indigene Bevölkerung, später auch ‚Mestizen‘, afrikanische Sklaven und ‚Mulatten‘, werden in den Quellen überwiegend mit ihrem christlichen Taufnamen genannt. Entsprechend einem der wichtigsten Ziele der spanischen Expansion in die neue Welt – der Christianisierung der einheimischen Bevölkerung – wurde die Bekehrung zum Christentum von der Annahme eines neuen christlichen Namens, in der Regel eines Heiligennamens, begleitet (García Gallarín 2014: 29), vgl. die aztekische Prinzessin *Tecuichpotzin*, die nach der Taufe *Isabel Moctezuma* genannt wurde (García Gallarín 2009: 85). Parallel zur Vorgehensweise bei der Zwangsbekehrung der Muslime zum Christentum im Zuge der Reconquista wurden die onymischen Praktiken auf die Auslöschung indigener, ‚heidnischer‘ Namen ausgerichtet (García Gallarín 2007a: s. p.).

Seit dem 17. Jh. gewannen mehrfache Rufnamen an Bedeutung, wobei ein Namenelement ein hoch frequenter Rufname war: vgl. *Juan Francisco, Juan Gerónimo, Juan Manuel, María Casilda, Ana María, María Clara, María Gregoria, María Madalena* im Taufregister der Madrider Pfarrei San Sebastián (1600–1630) (García Gallarín 2009: 77). Alttestamentliche Namen wie etwa *Abraham* und *Isaac*, die im Mittelalter sowohl von Juden als auch von Christen getragen wurden (vgl. Becker 2009a: 62) und mit dem Aufkommen der hoch frequenten christlichen ‚Modenamen‘ allmählich zu einem distinktiven Merkmal der jüdischen Namengebung geworden waren, sind nun aus dem spanischen Rufnamenschatz gänzlich verschwunden (García Gallarín 2009: 87–89).

In das 17. Jh. ist der Aufstieg der marianischen Advokationen, d. h. „Weihetitel von Mariendarstellungen in Bildform bzw. in Form einer plastischen Darstellung" (Hafner 2004: 21), zu datieren. Die meisten Advokationen beziehen sich auf ein Marienfest oder auf den Ort einer Marienerscheinung bzw. den Fundort einer Darstellung (Hafner 2004: 21). Bereits im 16. Jh. führte der Orden der Karmeliter die Ortsadvokation *Carmen* ein, es folgten die Orden der Franziskaner (*Ángeles, Inmaculada Concepción*), Augustiner (*Consolación*), Mercedarier (*Mercedes*) und Dominikaner (*Rosario*) (Hafner 2004: 23). Als Folge der Gegenreformation erreichten die Mariennamen im 17., 18. und 19. Jh. eine hohe Verbreitung.

In der zweiten Hälfte des 19. Jh. wurden verstärkt Doppel- und Mehrfachadvo-
kationsnamen gebildet (Hafner 2004: 23). Während die oben genannten, durch
die Orden geförderten Advokationen gesamtspanisch waren, gab es eine Reihe
regionaler und lokaler Gnadenbilder, so *Pilar* für Aragón, insbesondere Zaragoza, *Camino* für León, *Candelaria* für die Kanarischen Inseln, *Guadalupe* für
Extremadura usw. (Hafner 2004: 27–28). Neue Entwicklungen auf der Iberischen
Halbinsel erreichten die Kolonien im Übersee mit Verspätung, so stellt Boyd-
Bowman (1970: 20) fest, dass marianische Advokationen in Neuspanien ab 1675
erscheinen und erst in der ersten Hälfte des 19. Jh. ihre volle Blüte erlangen. In
Mexiko waren neben der hochbeliebten *María de Guadalupe* (die Erscheinung
der Mutter Gottes in Mexiko-Stadt wird auf 1531 datiert) folgende Advokationen
verbreitet: *Dolores, Soledad, Concepción, Luz* und *Carmen* (Boyd-Bowman 1970:
20). Auch der Trend, dem Neugeborenen die Namen mehrerer Heiliger zu geben,
um dadurch deren Gunst zu erlangen, wurde in Mexiko ab 1700 zunehmend
populär, vgl. *Joseph María de Jesús, María Guadalupe Josefa de Jesús, José María
Ponciano Bruno Juan Nepomuceno Luis Gonzaga* und *María de la Concepción
Manuela Josepha Joachina Ana Rafaela Ramona Cleofas Demetria Francisca de
Paula Luisa Gonzaga de la Santísima Trinidad* (Boyd-Bowman 1970: 24).

Literarische Werke der Siglos de Oro liefern gelegentlich Hinweise auf die
zeitgenössische inoffizielle Namengebung, so erwähnt Cervantes folgende Pseu-
donyme bzw. Beinamen von Schauspielerinnen und Liebhaberinnen, die auch in
historischen Quellen belegt sind: *Amarilis, Filis, Silvia, Diana, Galatea, Fílida* (García Gallarín 2009: 103–104). Die Verwendung von Diminutiven in der Literatur
weist auf eine hohe Verbreitung der suffigierten Namenvarianten im Alltag hin:
*Alonsillo, Catalinilla, Juanilla, Marica, Ynesica, Ysabelica, Tristanico, Gonzalvico,
Ginesillo, Minguillo, Periquillo, Tomasillo, Sanchica* (García Gallarín 2009: 81).

Im 19. Jh. kam neben weiterhin hoch frequenten traditionellen Heiligennamen und marianischen Advokationen die Mode auf literarische Rufnamen auf,
darunter aus italienischen und französischen Opernwerken: *Adolfo, Augusto,
Adalgisa, Adelaida, Emma, Leticia, Violeta* (García Gallarín 2010: o. S.); *Alicia,
Amalia, Matilde, Alfredo, Amadeo, Arturo, Armando, Eduardo, Gustavo* (García
Gallarín 2014: 35). Germanische Namen wie *Álvaro* und *Rodrigo* – im Mittelalter hoch verbreitet und im 16.–18. Jh. außer Gebrauch geraten – gewannen in
der Epoche der Romantik an Bedeutung (García Gallarín 2014: 34). Die Rufnamengebung in Hispanoamerika zeichnete sich durch Bildung charakteristischer
Hypokoristika (*Lola, Charo, Pancho*), Akronyme, Zusammensetzungen und An-
glizismen aus (García Gallarín 2014: 35). Im Jahr 1800 trugen über 90% aller
neugeborener Mädchen in Mexiko-Stadt den Namen *María* (Boyd-Bowman
1970: 28). Ab 1890 registriert Boyd-Bowman (1970: 27) eine hohe Frequenz

germanischer Männernamen in Mexiko-Stadt: *Adolfo, Alberto, Alfredo, Carlos, Eduardo, Enrique, Fernando, Ricardo, Roberto.* In Argentinien hinterließ die Masseneinwanderung aus Europa, vor allem aus Italien, seit der zweiten Hälfte des 19. Jh. ihre Spuren im Rufnamenschatz. Rossebastiano / Tonda (2012: 4–5) und Cacia (2012: 26:27) identifizieren eine Reihe von Rufnamen bei Nachfahren der italienischen Einwanderer in der Provinz Santa Fe als italienisch bzw. piemontesisch, darunter *Primo, Bautista / Baptista, Juan Bautista* und *Margarita*.[9]

Die Rufnamengebung im 20. Jh. zeichnet sich auf beiden Seiten des Atlantiks durch eine zunehmende Säkularisierung aus, die sich in der Hinwendung zu „exotischen" und wohlklingenden Vornamen sowie in der Nachbenennung nach prominenten Namenträgern niederschlägt (vgl. Boyd-Bowman 1970: 35). Eine Renaissance erleben in diesem Zusammenhang Namen hebräischer (*Esther, Judith, Raquel, Rebeca, Sara; Benjamín, Daniel, David, Jacobo, Rubén, Samuel*) und griechisch-lateinischer (*Artemisa, Sofía; Alejandro, César, Augusto, Darío, Héctor, Horacio*) Herkunft. Zugleich wächst die Beliebtheit der Namen germanischer Etymologie in der gesamten hispanophonen Welt weiterhin an, vgl. *Alfonso, Armando, Arnoldo, Bernardo, Ernesto, Federico, Francisco, Gerardo, Gilberto, Guillermo, Gustavo, Humberto, Raimundo, Ramón, Raúl, Rodolfo, Waldo* in Mexiko (Boyd-Bowman 1970: 32). Die Anzahl mehrfacher Rufnamen geht zugunsten einfacher Namen zurück. In Mexiko hielt sich der Einfluss der Revolution (1910–1920) auf die Rufnahmenwahl in Grenzen. Auffällig ist die Mode auf Frauennamen auf *-ina, -elia/-ilia* und *-eta*: *Albertina, Alejandrina, Angelina, Carolina, Catalina, Clementina, Ernestina, Evangelina, Georgina, Joaquina, Josefina, Justina; Amelia, Aurelia, Celia, Delia, Emilia, Eulalia, Fidelia, Lilia, Natalia, Ofelia; Antonieta, Enriqueta, Julieta* (Boyd-Bowman 1970: 32). Zalhreiche Neubildungen auf *-ilda/-ilde* sind ebenfalls für die hispanoamerikanische Anthroponymie charakteristisch: *Abegailda, Amtilde, Anatilde, Crimilda, Emilda, Eresmilda, Isilda, Romilda, Silda, Zunilda* usw. (García Gallarín 2010: o. S.).

Die offiziell propagierte Wertschätzung der präkolumbischen Geschichte in Mexiko spiegelte sich in keinster Weise im sprachlichen und onymischen Bereich wider: Das Korpus von Boyd-Bowman enthält keinen einzigen Rufnamen indigener Herkunft (Boyd-Bowman 1970: 31). Erst seit dem ausgehenden 20. Jh. werden Vornamen der Nahuatl-Etymologie, z. B. *Cuahtémoc, Tonatiuh* und *Xóchitl,* mit

---

9   In der schriftlichen Überlieferung wurden beinahe sämtliche Vornamen der Einwanderer aus Italien an die Gepflogenheiten der spanischen Anthroponymie angepasst, was eine Identifizierung der Vornamen italienischer Herkunft erschwert: *Francesco > Francisco, Battista > Bautista / Baptista, Ovidio > Obidio, Giacomo > Santiago, Giovanni > Juan, Giuseppe > José* usw. (Cacia 2012: 26).

einiger Regelmäßigkeit in Mexiko vergeben (Aguilar Salas 1988: 100). Im Korpus der Vornamen in der Stadtgemeinde Tlalnepantla de Baz im 20. Jh. von López Franco 2010 taucht der erste Männername indigener Herkunft im Jahr 1960 (Roberto *Axayacatl Nahuyotl*, mit den beiden letzten Vornamen der Nahuatl-Etymologie) und der erste Frauenname im Jahr 1975 (Claudia *Itzel*, mit dem letzten Vornamen der Maya-Etymologie) auf (López Franco 2010: 90).

Im Post-Franco-Spanien nahmen neben weiterhin beliebten traditionellen Namen Entlehnungen aus dem englischsprachigen Raum (*Christopher, Deborah, Jennifer, Jessica*) sowie aus slawischen Sprachen (*Ígor, Iván*) einen Platz im spanischen Vornamenbestand ein (García Gallarín 2007b: Kapitel 3.4, o. S.). Während das Repertorium spanischer Vornamen kontinuierlich angewachsen ist, trugen große Bevölkerungsteile im ausgehenden 20. Jh. und am Anfang des 21. Jh. eine reduzierte Anzahl von Vornamen: Im Korpus der Vornamen Neugeborener in Madrid zwischen 1996 und 2006 von García Gallarín 2010 (Kapitel III.1, o. S.) tragen 75 % der 304.565 Neugeborenen lediglich 328 Vornamen aus dem Gesamtbestand von 38.750 unterschiedlichen Namentypen. Einige der Namen, die in der ersten Hälfte des 20. Jh. beliebt waren, wurden in Madrid zwischen 1996 und 2006 weiterhin häufig vergeben, so *Carmen, Enrique, Cecilia, Clara, Félix, Héctor, Ignacio, Lara, Laura, Ramiro, Raúl, Rubén, Rebeca, Sara, Sandra, Silvia* usw. Andere frühere Spitzenreiter wie *Juana, Concepción, Dolores, Francisca, Gustavo, Immaculada, Loyola, Rafaela, Socorro* und *Úrsula* gehören hingegen zu den definitiven Absteigern seit dem ausgehenden 20. Jh. (García Gallarín 2010, Kapitel III.2, o. S.). Auffällig ist die Verbreitung einzelner Vornamen, die ursprünglich regional markiert waren, z. B. *Aitor, Iker* und *Ainhoa* baskischer sowie *Yaiza* kanarischer Herkunft in anderen Regionen Spaniens (García Gallarín 2010, Kapitel III.3, o. S.). Manche Vornamen, die noch vor wenigen Jahrzehnten als Entlehnungen aus anderen Sprachräumen empfunden wurden, gehörten am Anfang des 21. Jh. zu den häufigsten in Madrid, so *Brian, Cristian / Christian, Érik, Iván, Jennifer / Yénifer, Jessica, Kevin, Sheila* und *Vanesa / Vanessa* (García Gallarín 2010, Kapitel III.3.1, o. S.).

3.1.2. Gegenwärtige Situation

3.1.2.1. Gesetzlicher Rahmen

Die gesetzliche Regelung der Ruf- und Familiennamengebung wurde in den letzten Jahren in einer Reihe spanischsprachiger Länder liberalisiert, während in anderen Ländern mit ehemals liberaler Gesetzgebung Restriktionen, z. T. auf regionaler Ebene, eingeführt wurden.

3.1.2.1.1. Spanien

Als Grundlage für die aktuelle gesetzliche Namenregelung dient in Spanien das Kapitel I „Inscripción de nacimiento", Sektion 2.a „Contenido de la inscripción de nacimiento", Artikel 49–57 des aktualisierten *Registro Civil* von 2011. Im Artikel 51 wird die Rufnamengebung im „Prinzip der freien Namenwahl" folgendermaßen geregelt:

> Artículo 51. *Principio de libre elección del nombre propio.*
> El nombre propio será elegido libremente y sólo quedará sujeto a las siguientes limitaciones, que se interpretarán restrictivamente:
> 1. No podrán consignarse más de dos nombres simples o uno compuesto.
> 2. No podrán imponerse nombres que sean contrarios a la dignidad de la persona ni los que hagan confusa la identificación.
> 3. No podrá imponerse al nacido nombre que ostente uno de sus hermanos con idénticos apellidos, a no ser que hubiera fallecido. (Agencia Estatal, Gobierno de España 2011)

Nur drei Restriktionen des Artikels 54 des bis vor kurzem geltenden *Registro Civil* von 1957 wurden somit beibehalten: Verbot von mehr als zwei einfachen bzw. einem mehrgliedrigen Rufnamen, von Rufnamen, die gegen die Würde ihrer Träger verstoßen oder deren Identifikation erschweren sowie von identischen Rufnamen der lebenden Geschwister mit identischen Nachnamen. Alle weiteren Verbote, so der Verwendung von Diminutiven und familiären bzw. umgangssprachlichen Namenvarianten, von Rufnamen, die keine eindeutige Geschlechtszuweisung erlauben sowie von Übersetzungen der Geschwisternamen in andere Sprachen (Ministerio de Justicia (Hg.): *Ley del Registro Civil de 8 de junio de 1957*), wurden aufgehoben. Zum ersten Mal wird ferner im Artikel 50 „Derecho al nombre" das Recht aller Bürger auf einen Namen seit der Geburt festgehalten: „Toda persona tiene derecho a un nombre desde su nacimiento." Der Passus aus einer Gesetzesänderung von 1977 (aktualisiert in 1999), der eine „Namensubstitution durch ein Äquivalent in einer der spanischen Sprachen" vorsah, wurde im Artikel 50 unverändert aufgenommen: „A petición del interesado o de su representante legal, el encargado del Registro sustituirá el nombre propio de aquél por su equivalente en cualquiera de las lenguas españolas" (Agencia Estatal, Gobierno de España 2011).

3.1.2.1.2. Mexiko

Auf der Bundesebene wird die Ruf- und Familiennamengebung im mexikanischen *Código Civil Federal* von 1928, mit letzten Änderungen von 2013, nicht explizit geregelt:

Artículo 58. El acta de nacimiento se levantará con asistencia de dos testigos. Contendrá el día, la hora y el lugar del nacimiento, el sexo del presentado, el nombre y apellidos que le correspondan [...] (Cámara de diputados (Hg.): *Código Civil Federal*)

Das mexikanische Zivilrecht enthält allerdings eine Reihe indirekter Hinweise darauf, was unter „nombre y apellidos" verstanden wird; außerdem existieren entsprechende gewohnheitliche Regeln (Arce Gargollo 1991: 34).

Auf der regionalen Ebene wurde in den letzten Jahren die liberale Rufnamenregelung in mehreren mexikanischen Staaten verschärft. Im Bundesstaat Sonora verbot das *Ley de Registro Civil* von 2013 (Artikel 46) pejorative, diskriminierende, entehrende, diffamierende, bedeutunglose Rufnamen; Rufnamen, die Zeichen oder Abkürzungen enthalten, sowie mehr als zwei Rufnamen (o. A. 2014a). Das Standesamt von Hermosillo, der Hauptstadt des Bundesstaates Sonora, legte sogar eine Liste verbotener Rufnamen vor, die u. a. folgende Namen enthält: *Aceituno, Anivdelarev, Batman, Burger King, Caralampio, Cheyenne, Christmas Day, Circuncisión, Email, Escroto, Facebook, Fulanito, Harry Potter, Hermione, Indio, James Bond, Lady Di, Robocop, Rolling Stone, Sol de Sonora, Twitter, Virgen* (o. A. 2014b). Als Antwort auf Proteste der Bevölkerung wurde das neue Gesetz jedoch am 16. Mai 2014 vom Kongress Sonoras gekippt (o. A. 2015a). Ähnliche Einschränkungen, ohne Nennung konkreter Beispiele, wurden in den Bundesstaaten Querétaro (2013) und Michoacán (2010) eingeführt (o. A. 2015a).

3.1.2.1.3. Argentinien

In Argentinien trat am 1. August 2015 ein neuer *Código Civil y Comercial de la Nación* von 2014 in Kraft. Im Kapitel 4 „Nombre", Artikel 62-72, wird die Namengebung geregelt. Folgende Richtlinien im Artikel 63 gelten in Bezug auf Vornamen:

Artículo 63. Reglas concernientes al prenombre. [...]
b. no pueden inscribirse más de tres prenombres, apellidos como prenombres, primeros prenombres idénticos a primeros prenombres de hermanos vivos; tampoco pueden inscribirse prenombres extravagantes;
c. pueden inscribirse nombres aborígenes o derivados de voces aborígenes autóctonas y latinoamericanas. (Sistema Argentino de Información Jurídica 2014)

Lediglich vier Restriktionen des *Ley No 18248* „Nombre de las personas" von 1969 wurden beibehalten: Verbot von mehr als drei Rufnamen, Familiennamen als Rufnamen, von identischen Rufnamen lebender Geschwister sowie von „extravaganten" Rufnamen. Keine Anwendung finden nunmehr die Verbote von „lächerlichen" und „antitraditionellen" Rufnamen, von Rufnamen, die politische oder ideologische Anschauungen zum Ausdruck bringen, von Rufnamen, die keine eindeutige Geschlechtszuweisung erlauben, sowie von „fremdsprachigen" Rufnamen (Secretaría de Derechos Humanos de la Provincia de Buenos Aires (Hg.): *Ley No 18248. Nombre de las personas*). Auch im argentinischen Zivilgesetzbuch wird das Recht und die Pflicht, die zugewiesenen Ruf- und Familiennamen zu verwenden, im Artikel 62 festgehalten. Von hoher symbolischer Bedeutung ist die bereits in einer Gesetzesänderung von 1984 enthaltene, explizite Erlaubnis, indigene Namen bzw. Ableitungen von Lexemen aus indigenen Idiomen Argentiniens und Lateinamerikas zu vergeben. Diese Änderung zeugt von einer programmatischen Umorientierung der argentinischen Sprachpolitik seit den 80er Jahren des 20. Jh. hin zum Multikulturalismus und zur Mehrsprachigkeit. Sie wurde auf der regionalen Ebene in den Provinzen Tierra de Fuego, Misiones und Formosa bestätigt, in der Provinz el Chaco wurde eine Liste indigener Vornamen zusammengestellt (Zamborain o. J. a).

3.1.2.2. Häufige Rufnamen

Um eine Vorstellung von den Rufnamen, die aufgrund ihrer aktuellen Verbreitung etwa als ‚typisch spanisch', ‚typisch mexikanisch' oder ‚typisch argentinisch' gelten dürften, zu geben, werden im Folgenden eine Reihe statistischer Angaben ausgewertet. Angesichts der Heterogenität dieser Erhebungen kommt ein direkter Vergleich zwischen den Verhältnissen in den vorgestellten Ländern jedenfalls nur teilweise in Frage. Im Rahmen der vorliegenden Überblicksdarstellung ist nur eine Auswertung der jeweils 10 bis 20 häufigsten Rufnamen möglich.[10]

3.1.2.2.1. Spanien

Das spanische *Instituto Nacional de Estadística* (INE) bietet auf seiner Webseite differenzierte Häufigkeitstabellen für männliche und weibliche Rufnamen. Unter den 20 häufigsten Rufnamen der spanischen Gesamtbevölkerung im Jahr 2014 finden sich folgende:

---

10 Eine systematische Gegenüberstellung seltener Rufnamen würde mit Sicherheit hochinteressante Ergebnisse zu Tage fördern.

Tabelle 2: Die 20 häufigsten einfachen bzw. zusammengesetzten Männernamen in Spanien auf nationaler Ebene (Stand: 01.01.2014).

	Einfacher bzw. zusammengesetzter Rufname	Absolute Häufigkeit	Pro 1.000 Einwohner
1	Antonio	727.164	31,6
2	José	657.242	28,6
3	Manuel	628.294	27,3
4	Francisco	540.239	23,5
5	Juan	374.469	16,3
6	David	358.075	15,6
7	José Antonio	318.284	13,8
8	José Luis	304.581	13,3
9	Javier	302.122	13,1
10	Francisco Javier	289.888	12,6
11	Jesús	287.993	12,5
12	Daniel	284.548	12,4
13	Carlos	279.650	12,2
14	Miguel	257.212	11,2
15	Alejandro	248.140	10,8
16	José Manuel	247.363	10,8
17	Rafael	246.818	10,7
18	Pedro	239.629	10,4
19	Ángel	229.301	10,0
20	Miguel Ángel	228.990	10,0

Quelle: Instituto Nacional de Estadística (Hg.): Apellidos y nombres más frecuentes.

Tabelle 3: Die 20 häufigsten einfachen bzw. zusammengesetzten Frauennamen in Spanien auf nationaler Ebene (Stand: 01.01.2014).

	Einfacher bzw. zusammengesetzter Rufname	Absolute Häufigkeit	Pro 1.000 Einwohner
1	María Carmen	672.523	28,3
2	María	642.319	27,0
3	Carmen	423.452	17,8
4	Josefa	304.954	12,8
5	Isabel	283.874	11,9
6	Ana María	278.463	11,7
7	María Pilar	268.639	11,3
8	María Dolores	267.376	11,2

	Einfacher bzw. zusammengesetzter Rufname	Absolute Häufigkeit	Pro 1.000 Einwohner
9	María Teresa	258.372	10,9
10	Ana	256.794	10,8
11	Laura	252.904	10,6
12	Francisca	232.816	9,8
13	María Ángeles	231.637	9,7
14	Cristina	230.088	9,7
15	Antonia	225.976	9,5
16	Marta	220.459	9,3
17	Dolores	219.646	9,2
18	María Isabel	206.152	8,7
19	María José	205.185	8,6
20	Lucía	186.320	7,8

Quelle: Instituto Nacional de Estadística (Hg.): *Apellidos y nombres más frecuentes.*

Die Angabe des Altersdurchschnitts der entsprechenden Namenträger in einer weiteren Tabelle verdeutlicht die Unterschiede in Entwicklungsdynamiken einzelner Namen, vgl. *José, Francisco, Juan* mit Altersdurchschnitt 59,6; 55,5; 54,6 gegenüber *Alejandro* (23,7), *Daniel* (25,1) und *David* (27,6) sowie *Josefa* (65,8), *Dolores* (65,0), *Francisca* (62,7) gegenüber *Lucía* (22,5), *Laura* (25,3) und *Cristina* (30,4).

Der Vergleich der zehn häufigsten Vornamen der Gesamtbevölkerung nach einzelnen Wohnsitzprovinzen ergibt nur wenige Auffälligkeiten (z. B. die Beliebtheit von *María Pino* in Las Palmas) und zeugt von einer verhältnismäßig hohen Homogenität in der Rufnamengebung der vergangenen Jahrzehnte, vgl. die folgenden Zusammenstellungen für sechs ausgewählte Provinzen im Zentrum, Norden, Süden und Südosten Spaniens sowie auf den Kanarischen Inseln:

Tabelle 4: Die zehn häufigsten Männernamen in sechs ausgewählten Provinzen Spaniens in 2015.

	Madrid	Burgos	Asturias	Murcia	Sevilla	Las Palmas
1	Antonio	José Luis	Manuel	Antonio	Manuel	Antonio
2	David	Jesús	José Manuel	José	Antonio	Manuel
3	Manuel	David	José Luis	Francisco	José	Francisco
4	Javier	Javier	José Antonio	Juan	Francisco	José
5	Carlos	Francisco Javier	José	Pedro	Rafael	Juan
6	José Luis	Carlos	David	José Antonio	Francisco Javier	Francisco Javier

91

	Madrid	Burgos	Asturias	Murcia	Sevilla	Las Palmas
7	José	Fernando	Pablo	Manuel	José Manuel	José Antonio
8	Daniel	Ángel	Javier	Jesús	José Antonio	Alejandro
9	Francisco	Daniel	Daniel	David	Juan	Daniel
10	Jesús	Miguel Ángel	Antonio	Alejandro	Jesús	Miguel Ángel

Quelle: Instituto Nacional de Estadística (Hg.): *Apellidos y nombres más frecuentes.*

Tabelle 5: Die zehn häufigsten Frauennamen in sechs ausgewählten Provinzen Spaniens in 2015.

	Madrid	Burgos	Asturias	Murcia	Sevilla	Las Palmas
1	María Carmen	María Carmen	María Carmen	María	María Carmen	María Carmen
2	María	María	María	Josefa	Carmen	María Pino
3	Carmen	María Pilar	María Ángeles	María Carmen	María	María Dolores
4	María Pilar	María Ángeles	María Luisa	Carmen	Dolores	Carmen
5	Laura	María Teresa	María Teresa	María Dolores	Rosario	María
6	Cristina	Laura	María Pilar	Isabel	Ana	Josefa
7	María Teresa	Ana María	Ana María	Antonia	María Dolores	Ana María
8	Ana María	Cristina	Carmen	Dolores	Josefa	Laura
9	Marta	María Jesús	María Isabel	Francisca	Isabel	Dolores
10	María Ángeles	Lucía	Lucía	Ana	Ana María	María Isabel

Quelle: Instituto Nacional de Estadística (Hg.): *Apellidos y nombres más frecuentes.*

Die zehn häufigsten Vornamen der Gesamtbevölkerung in ausgewählten Provinzen der mehrsprachigen autonomen Regionen Spaniens zeigen im Übrigen ein vergleichbares Verteilungsmuster mit wenigen Auffälligkeiten, vgl. *Antonio, José, Francisco, Manuel, Juan, David, Jordi, Marc, Daniel, Carlos / María, Montserrat, María Carmen, Carmen, Marta, Laura, Nuria, Josefa, Isabel, Cristina* in Barcelona; *José Luis, Javier, Francisco Javier, José Antonio, José María, Jesús, Antonio, Aitor, David, José / María Carmen, María Pilar, María Teresa, María, María Ángeles, Ana María, María Jesús, María Isabel, María Luisa, Isabel* in Araba / Álava und *Manuel, José, José Manuel, Antonio, José Antonio, Jesús, José Luis, Francisco, David, Pablo / María Carmen, María, Carmen, María Dolores, Josefa, María Pilar, María José, María Teresa, Ana María, Manuela* in A Coruña. Diese verhältnismäßig hohe Homogenität (mit Ausnahme von *Jordi, Marc, Montserrat,*

Nuria für Barcelona und *Aitor* für Araba / Álava) dürfte sich vor allem durch einen hohen Anteil älterer Personen in der Statistik erklären.

Anhand der Liste der 20 häufigsten Rufnamen der Neugeborenen aus dem Jahr 2014 (vorläufige Angaben vom 22.06.2015) wird ein Wandel in der Rufnamengebung des 21. Jh. erkennbar:

Tabelle 6: Die 20 häufigsten Männer- und Frauennamen der Neugeborenen in Spanien in 2014.

	Namen für Jungen	Asolute Häufigkeit	Namen für Mädchen	Asolute Häufigkeit
	Insgesamt	220.239	Insgesamt	206.064
1	Hugo	5.121	Lucía	5.161
2	Daniel	4.859	María	4.951
3	Pablo	4.494	Martina	4.380
4	Alejandro	4.116	Paula	4.210
5	Álvaro	3.670	Daniela	3.792
6	Adrián	3.463	Sofía	3.568
7	David	3.376	Valeria	3.246
8	Martín	3.181	Carla	3.138
9	Mario	3.067	Sara	3.116
10	Diego	3.000	Alba	3.111
11	Javier	2.531	Julia	3.107
12	Manuel	2.475	Noa	2.744
13	Lucas	2.446	Emma	2.479
14	Nicolás	2.319	Claudia	2.456
15	Marcos	2.244	Carmen	2.147
16	Leo	2.162	Marta	1.998
17	Sergio	2.138	Valentina	1.936
18	Mateo	2.107	Irene	1.902
19	Izan	1.947	Adriana	1.881
20	Álex	1.935	Ana	1.797

Quelle: Instituto Nacional de Estadística (Hg.): *Apellidos y nombres más frecuentes.*

Die wichtigsten Auffälligkeiten im Vergleich zu den 20 häufigsten Rufnamen der spanischen Gesamtbevölkerung (Tabelle 2) ist das Fehlen mehrfacher Namen sowie von Marienadvokationen.[11] Unter den Männernamen befinden sich neben einer Reihe von Namen, die bereits seit Jahrzehnten konstant beliebt gewesen sind, wie *Alejandro, Javier, Manuel, David, Daniel, Pablo, Álvaro* usw., mehrere Neueinsteiger der 2010er Jahre wie *Hugo, Leo, Izan* und *Álex*. Unter den Frauennamen sind neben den traditionellen *María, Carmen* und *Ana* folgende Namen als Neueinsteiger der Top-20-Liste der 2010er Jahre einzustufen: *Noa, Valeria, Daniela* und *Adriana*.

Der Vergleich der zehn häufigsten Rufnamen der Neugeborenen in monolingualen autonomen Regionen zeigt wie im Fall der Rufnamen der Gesamtbevölkerung (Tabellen 4 und 5) eine hohe Übereinstimmung:

Tabelle 7: Die zehn häufigsten Männernamen der Neugeborenen in sechs ausgewählten autonomen Regionen Spaniens in 2014.

	Madrid	Castilla y León	Asturias	Murcia	Andalucía	Canarias
1	Daniel	Daniel	Martín	Pablo	Alejandro	Hugo
2	Pablo	Pablo	Hugo	Álvaro	Hugo	Diego
3	Hugo	Diego	Mateo	Daniel	Pablo	Pablo
4	Diego	Hugo	Pablo	Hugo	Daniel	Daniel
5	Alejandro	Mario	Lucas	Alejandro	Álvaro	Alejandro
6	Álvaro	Adrián	Diego	Antonio	Manuel	Álvaro
7	Adrián	Martín	Nicolás	David	David	Gabriel
8	Marcos	Alejandro	Daniel	Javier	Antonio	Adrián
9	Nicolás	David	David	Adrián	Javier	Dylan
10	David	Marcos	Alejandro / Adrián	Mario	Adrián	Lucas

Quelle: Instituto Nacional de Estadística (Hg.): *Apellidos y nombres más frecuentes.*

Tabelle 8: Die zehn häufigsten Frauennamen der Neugeborenen in sechs ausgewählten autonomen Regionen Spaniens in 2014.

	Madrid	Castilla y León	Asturias	Murcia	Andalucía	Canarias
1	Lucía	Lucía	Lucía	María	María	Lucía
2	Sofía	Daniela	Sofía	Lucía	Lucía	Valeria
3	Paula	Valeria	Paula	Sofía	Martina	Valentina
4	María	Carla	Sara	Paula	Daniela	Sofía
5	Martina	Paula	Daniela	Daniela	Paula	Daniela

---

11 Mehrfache Namen *Miguel Ángel, José Antonio, José Manuel* und *Francisco Javier* nehmen die 84., 88., 92. und 98. Positionen in der Top-100-Liste ein, während Advokationsnamen ganz fehlen.

Madrid	Castilla y León	Asturias	Murcia	Andalucía	Canarias
6	Daniela	Alba	Valeria	Martina	Carmen	Alba
7	Sara	Sofía	Carla	Valeria	Valeria	Martina
8	Valeria	Sara	Alba	Marta	Julia	Paula
9	Alba	Martina	Martina	Elena	Marta	María
10	Carla	María	Vera	Carmen / Sara	Alba	Carla

Quelle: Instituto Nacional de Estadística (Hg.): *Apellidos y nombres más frecuentes.*

Die Rufnamengebung bei Neugeborenen in den mehrsprachigen autonomen Regionen unterscheidet sich hingegen deutlich im Fall des Baskenlandes: *Markel, Iker, Jon, Ibai, Aimar, Ander, Oier, Julen, Unai, Mikel / Ane, June, Nahia, Irati, Uxue, Laia, Noa, Haizea, Nora, Lucía.* In Katalonien sind die aktuell zehn häufigsten Männernamen etwas stärker als Frauennamen regional markiert: *Marc, Àlex, Pol, Èric, Martí, Jan, Biel, Hugo, Pau, Arnau / Martina, Júlia, Laia, Maria, Paula, Lucía, Carla, Emma, Noa, Aina.* Die Situation in Galicien (*Martín, Mateo, Hugo, Pablo, Daniel, Nicolás, Manuel, Diego, Adrián, Leo / Noa, Daniela, Sara, Martina, Lucía, Sofía, Paula, Alba, Carla, María*) weicht bei den zehn häufigsten Rufnamen weiterhin kaum von der Rufnamengebung in den monolingualen Regionen ab.[12]

3.1.2.2.2. Mexiko

Das mexikanische *Instituto Nacional Electoral* (INE) veröffentlicht auf seiner Webseite Listen der häufigsten Personennamen auf nationaler Ebene und jeweils in den 32 Bundesstaaten, wobei die sämtlichen Ruf- und Familiennamen von Männern und Frauen in die Statistik einfließen. Die häufigsten Kombinationen auf nationaler Ebene im Jahr 2015 sind die Rufnamen *Juan, Juana, María, José* und *Francisco* stets mit den Familiennamen *Hernández Hernández.* Der Name *Juan Hernández Hernández* ist insgesamt 2.943 registriert. Die folgende Tabelle zeigt den jeweils häufigsten Personennamen in jedem mexikanischen Bundesstaat:

---

12 Die Hinwendung zu den regional markierten Namen macht sich in den mehrsprachigen autonomen Regionen Spaniens bereits seit den 80er Jahren des 20. Jh. nach der entsprechenden Gesetzesänderung von 1977 bemerkbar. Hafner (2004: 216–217) stellt für den Zeitraum zwischen 1968 und 1982 fest, dass während sich im Baskenland und in Katalonien jeweils baskische bzw. katalanische Rufnamen allmählich durchsetzen, Galicien davon unberührt bleibt.

Tabelle 9: Die häufigsten Personennamen in den mexikanischen Bundesstaaten (Stand: 15.04.2015).

	Bundesstaat	Häufigster voller Personenname	Absolute Häufigkeit
1	Aguascalientes	José de Jesús Martínez Martínez	20
2	Baja California	José Luis García García	31
3	Baja California Sur	Guadalupe Ceseña Ceseña	8
4	Campeche	María del Carmen López Hernández	14
5	Coahuila	José Luis Martínez Hernández	32
6	Colima	María Gudalupe García García	10
7	Chiapas	María Pérez Pérez	1015
8	Chihuahua	Guadalupe González González	30
9	Distrito Federal	José Luis Hernández Hernández	135
10	Durango	María Gudalupe Rodríguez Hernández	18
11	Guanajuato	María Guadalupe Hernández Hernández	75
12	Guerrero	Guadalupe García García	42
13	Hidalgo	Juan Hernández Hernández	699
14	Jalisco	María Guadalupe González González	100
15	México	Juan Hernández Hernández	322
16	Michoacán	José García García	66
17	Morelos	Juan García García	15
18	Nayarit	María Carrillo de la Cruz	13
19	Nuevo León	José Hernández Hernández	123
20	Oaxaca	María XX López	108
21	Puebla	Guadalupe Hernández Hernández	132
22	Querétaro	María Guadalupe Hernández Hernández	55
23	Quintana Roo	Guadalupe Hernández Hernández	15
24	San Luis Potosí	Juan Hernández Hernández	179
25	Sinaloa	Guadalupe López López	36
26	Sonora	Guadalupe Valenzuela Valenzuela	33
27	Tabasco	Guadalupe Hernández Hernández	148
28	Tamaulipas	Juan Hernández Hernández	87
29	Tlaxcala	Alejandro Hernández Hernández	34
30	Veracruz	Juan Hernández Hernández	452
31	Yucatán	Manuel Jesús Chan Chan	11
32	Zacatecas	Manuel Martínez Martínez	20

Quelle: Instituto Nacional Electoral (Hg.): *Estadísticas Lista Nominal y Padrón Electoral.*

Laut dieser Tabelle zählen folgende Bestandteile von Personennamen zu den häufigsten Rufnamen Mexikos: die Männernamen *José Luis, José de Jesús, José, Juan, Alejandro, Jesús, Manuel* sowie die Frauennamen *Guadalupe, María Guadalupe* und *María del Carmen*.

Die Listen der jeweils 20 häufigsten vollen Personennamen in den mexikanischen Bundesstaaten (Instituto Nacional Electoral (Hg.): *Estadísticas Lista Nominal y Padrón Electoral*) ergeben eine folgende Zusammenstellung häufiger Rufnamen in Mexiko-Stadt sowie in ausgewählten Bundesstaaten im Zentrum, Nordwesten, Norden und Südosten Mexikos:

Tabelle 10: Häufige Männer- und Frauennamen als Bestandteile der häufigsten vollen Personennamen in der Hauptstadt und in fünf ausgewählten Bundesstaaten Mexikos.

Distrito Federal	Baja California	Chihuahua	Hidalgo	Tlaxcala	Yucatán
Männernamen					
José Luis	José Luis	Jesús	Juan	Alejandro	Manuel Jesús
Juan	Antonio	José Luis	José	José Luis	Francisco
Miguel Ángel	Juan	Francisco	Francisco	Pedro	José Antonio
Javier	Miguel Ángel	Juan Carlos	Antonio	Juan Carlos	Miguel Ángel
Carlos	Roberto	Juan	Pedro	Juan	Victor Manuel
José	Jesús	Manuel	Nicolás	Miguel Ángel	
Alejandro	Javier		Juan	Daniel	
Antonio	Francisco			Jorge	
Francisco				Felipe	
Juan Carlos				Antonio	
Pedro					
Jesús					
Frauennamen					
María Guadalupe	Guadalupe	Guadalupe	María Antonia	Verónica	María del Socorro
Guadalupe	María de Jesus	María	María Concepción	Guadalupe	Margarita
Juana			María Guadalupe	Margarita	Rosa María
María del Carmen			María Magdalena	María Guadalupe	María Isabel
Margarita			Juana	Rosa	María Guadalupe
Verónica			María	Elisabeth	Ana María
Juana			María Juana	Patricia	
			Margarita		

Distrito Federal	Baja California	Chihuahua	Hidalgo	Tlaxcala	Yucatán
Frauennamen					
			María		
			Francisca		
			Francisca		
			Guadalupe		
			María		
			Agustina		
			María Isabel		

Quelle: Instituto Nacional Electoral (Hg.): *Estadísticas Lista Nominal y Padrón Electoral.*

Sowohl in der Hauptstadt als auch in den fünf ausgewählten Bundesstaaten gehören *José Luis* und *(María) Guadalupe* offenbar zu den häufigsten Namen. Auffällig ist eine hohe Übereinstimmung bei den häufigen Männernamen der spanischen und mexikanischen Gesamtbevölkerung (*José Luis, Juan, Antonio, Francisco, Alejandro, Miguel Ángel*). Die Listen der häufigen Frauennamen in Spanien und Mexiko zeigen hingegen mehr Abweichungen untereinander.

Die Angaben des *Registro Nacional de Población de México* (RENAPO) zur Häufigkeit von Rufnamen konnten nur indirekt aus Online-Artikeln gewonnen werden, so die folgende Liste der 30 häufigsten Männer- und Frauennamen Mexikos zwischen 1930 und 2008:

Tabelle 11: Die 30 häufigsten Männer- und Frauennamen Mexikos zwischen 1930 und 2008 nach Angaben des RENAPO.

	Männernamen	Frauennamen
1	José Luis	María Guadalupe
2	Juan	María
3	Miguel Ángel	Juana
4	José	María del Carmen
5	Francisco	Margarita
6	Jesús	Verónica
7	Antonio	Elizabeth
8	Alejandro	Alejandra
9	Pedro	Leticia
10	Juan Carlos	María Elena
11	Manuel	Gabriela
12	Ricardo	María de los Ángeles
13	Daniel	Patricia

	Männernamen	Frauennamen
14	Fernando	Josefina
15	Jorge	María de Jesús
16	Roberto	Rosa María
17	Carlos	Rosa
18	Francisco Javier	Alicia
19	Eduardo	Teresa
20	Javier	Francisca
21	Miguel	Adriana
22	Martín	Yolanda
23	Rafael	Martha
24	Marco Antonio	María Isabel
25	José Antonio	Silvia
26	Raúl	Ana María
27	Arturo	María del Rosario
28	David	Gloria
29	Gerardo	Araceli
30	Juan Manuel	María Luisa

Quelle: Babycenter.com (Hg.): *Los nombres más frecuentes en México desde 1930.*

Unter den häufigsten Vornamen der Neugeborenen im Jahr 2013 befinden sich laut RENAPO folgende Männer- und Frauennamen:

Tabelle 12: Die 10 häufigsten Männer- und Frauennamen der Neugeborenen in Mexiko in 2013 nach Angaben des RENAPO.

	Männernamen	Frauennamen
1	Santiago	Ximena
2	Mateo	María José
3	Diego	Valentina
4	Miguel Ángel	María Fernanda
5	Emiliano	Valeria
6	Sebastián	Sofía
7	Leonardo	Camila
8	José Ángel	Regina
9	Jesús	Renata
10	Alejandro	María Guadalupe

Quelle: o. A. 2014c.

Anders als in Spanien bleiben mehrfache Vornamen und traditionelle Advo-kationsnamen in Mexiko beliebt. An der Seite der traditionellen *Miguel Ángel, Jesús, Alejandro, María José* und *María Guadalupe* gehören *Santiago, Mateo, Diego, Emiliano, Sebastián, Leonardo, Ximena, Valentina, Valeria, Sofía* usw. zu den Top-Neueinsteigern des 21. Jh. Der Frauenname *Ximena* dürfte wegen der Schreibweise <x> (für das Phonem /x/), die für Mexiko charakteristisch ist, vgl. *México, Oaxaca* usw., als regional markiert (zumindest für Spanien unüblich)[13] gelten.

3.1.2.2.3. Andere spanischsprachige Länder

Argentinische Institutionen wie *Instituto Nacional de Estadística y Censos* und *Registros Civiles* in einzelnen Provinzen stellen keine Häufigkeitslisten von Ruf- und Famileinnamen auf ihren Webseiten zur Verfügung. In der Online-Presse lassen sich u. a. Angaben des *Registro Civil* von Buenos Aires zu den häufigsten Rufnamen der Neugeborenen im Jahr 2014 ausfindig machen, wobei die Ge-burtseinträge der ersten elf Monate des Jahres berücksichtigt wurden:

Tabelle 13: Die 10 häufigsten Männer- und Frauennamen der Neugeborenen in Buenos Aires in 2014 nach Angaben des Registro Civil *von Buenos Aires.*

	Männernamen	Frauennamen
1	Thiago	Sofía
2	Benjamín	Martina
3	Juan	Valentina
4	Santino	Mía
5	Mateo	Isabella
6	Joaquín	María
7	Bautista	Zoe
8	Santiago	Catalina
9	Tomás	Emma
10	Felipe	Alma

Quelle: Castro 2015.

Der Rufname *Sofía* behält seine Spitzenposition in den Häufigkeitslisten bereits seit 2010. Der Rufname *Thiago*, ursprünglich eine Abkürzung von *Santiago* im

---

13 Der Frauenname *Jimena* befindet sich auf Platz 46 in der Liste der 100 häufigsten Rufnamen der Neugeborenen in Spanien in 2014; die Variante *Ximena* fehlt (Instituto Nacional de Estadística (Hg.): *Apellidos y nombres más frecuentes*).

Portugiesischen (vgl. Becker 2009a: 585), wurde 1.140 Jungen (3,36% der neugeborenen Jungen in Buenos Aires) und *Sofía* 1.031 Mädchen (3,42% der neugeborenen Mädchen) vergeben (Castro 2015).

Das zentrale *Registro Civil* in Chile veröffentlicht auf seiner Webseite Listen der 50 häufigsten ersten Männer- und Frauennamen für Neugeborene zwischen 2000 und 2010. Unten folgen die entsprechenden Top-10-Listen aus dem Jahr 2010:

Tabelle 14: Die 10 häufigsten ersten Männer- und Frauennamen der Neugeborenen in Chile in 2010.

	Männernamen	Frauennamen
1	Benjamín	Martina
2	Vicente	Sofía
3	Martín	Florencia
4	Matías	Valentina
5	Joaquín	Isidora
6	Agustín	Antonella
7	Cristobal	Antonia
8	Maximiliano	Emilia
9	Sebastián	Catalina
10	Tomás	Fernanda

Quelle: RegistroCivil.cl (Hg.): *Nombres más comunes.*

Auf der Webseite des *Registraduría Nacional* Kolumbiens finden sich u. a. Listen der 10 häufigsten ersten Männer- und Frauennamen für Neugeborene zwischen 2000 und 2010:

Tabelle 15: Die 10 häufigsten ersten Männer- und Frauennamen der Neugeborenen in Kolumbien in den Jahren 2000–2010.

	Männernamen	Frauennamen
1	Santiago	Valentina
2	Sebastián	Mariana
3	Alejandro	Daniela
4	Nicolás	Natalia
5	Samuel	Valeria
6	Daniel	Isabella
7	Mateo	Sofía
8	Alexander	Manuela
9	Esteban	Juliana
10	David	Alejandra

Quelle: Registraduría Nacional del Estado Civil 2010.

101

Ein Vergleich der Top-10-Listen der Namen für Neugeborene zeigt, dass lediglich einzelne beliebte Rufnamen als regional markiert gelten dürften, so etwa *Santino* und *Bautista* in Argentinien, *Isabella* in Argentinien und Kolumbien sowie *Antonella* in Chile, alle italienischer Herkunft. Eine Reihe von Namen ist in mindestens drei untersuchten Ländern hoch beliebt, so *Alejandro* (Spanien, Mexiko, Kolumbien), der ‚hispanische' Frauenname *par exellence María* (Spanien, Mexiko, Argentinien), *Martina* (Spanien, Argentinien, Chile), *Sofía* (Spanien, Mexiko, Argentinien, Chile, Kolumbien), *Valeria* (Spanien, Mexiko, Kolumbien) und *Valentina* (Mexiko, Argentinien, Chile, Kolumbien). Die überwiegende Mehrheit der oben dargestellten Rufnamen sind lateinisch-romanischer, griechischer und semitisch-biblischer Etymologie. Ausnahmen bilden *Hugo, Álvaro, Leonardo, Carla* und *Fernanda* germanischer Etymologie sowie *Diego* und *Ximena* vermutlich vorrömischer Etymologie.

3.1.2.3. Benennungsmotivation und Laienonomastik

Im Zeitalter der „freien Rufnamenvergabe" (Nübling u. a. 2012: 115–116) treffen in der Regel allein die Eltern die Entscheidung, welche(n) Rufnamen ihr neugeborenes Kind tragen wird. Über die Kriterien der Namenwahl werden in der wissenschaftlichen Literatur häufig Vermutungen aufgestellt, die mangels empirischer Untersuchungen nicht belegt werden können. Es erscheint z. B. plausibel, dass der Rufname *Leonardo* (7. Platz in der mexikanischen Top-10-Liste für Neugeborene in 2013, s. Tabelle 12) vor allem wegen seiner medialen Präsenz (vgl. *Leonardo* DiCaprio) vergeben wird. Solange keine empirischen Daten vorliegen, bleibt es jedoch dahingestellt, ob weitere Faktoren (etwa die Einschätzung des Rufnamens als euphonisch, typisch italienisch oder international, Nachbenennung nach *Leonardo* da Vinci, Gefallen an germanischer Etymologie und Namengeschichte bzw. Namenmythen usw.) in vielen konkreten Fällen eine mindestens genauso wichtige Rolle spielen. Direkte Daten über Benennungsmotive und die Wahrnehmung einzelner Rufnamen können durch Befragungen der Namengeber und Namenträger gewonnen werden, die jedoch methodisch anspruchsvoll und aufwendig sind (Nübling u. a. 2012: 118, vgl. Aldrin 2014 und die Langzeitstudie „Das Image von Namen" von Bielefeld 2014). Zahlreiche frei zugängliche Online-Diskussionen, die etwa den Prozess der Namenfindung für Neugeborene beleuchten oder diverse Meinungen über Rufnamen preisgeben, scheinen als Quelle onomastischer Untersuchungen noch völlig unentdeckt zu sein. Im Folgenden werden ausgewählte Kommentare der Forensektion des internationalen Portals *aufemenin.com* mit metaonymischem Inhalt exemplarisch ausgewertet, um das Potenzial dieser Primärdaten für qualitative Analysen herauszustellen.

Das Portal *aufemenin.com* bietet seit 1999 über 40 Webseiten und Blogs zu den Themen „Fashion & Beauty", „Liebe & Psychologie", „Mama", „Horoskop" usw., die sich an das weibliche Publikum richten. Im März 2015 verzeichnete das Portal mit Auftritten in zahlreichen Sprachen, darunter Französisch, Italienisch, Spanisch, Deutsch, Englisch usw., 42 Millionen Besucher pro Monat (Aufemenin.com (Hg.): *Accueil*). In der öffentlich zugänglichen Forensektion des spanischsprachigen Webauftritts lassen sich zum Suchwort „nombres" zahlreiche Threads mit folgenden Titeln finden (Stand: Mai 2016): „Leo o leonardo" (6 Antworten), „¿qué os parece el nombre de niño aimar?" (13 Antworten), „Nombres clásicos pero poco oídos" (18 Antworten), „Son gemelas ... 2 nombres!!" (28 Antworten), „Nombres que nos han conquistado por la tele o libros" (28 Antworten), „Nombres raros, originales, poco comunes de distintos idiomas para niños" (33 Antworten), „¿tan feo es mi nombre?☺" (36 Antworten), „Nombres unisex" (45 Antworten), „¿qué os parece noa/noah para niña?" (79 Antworten) „Nombres canarios..." (90 Antworten), „Pongan sus favoritos 5 nombres de niña e niños" (223 Antworten), „Nombres y significados" (335 Antworten) usw. Bereits die Titel der genannten Threads offenbaren die breite Themenpalette der metaonymischen Laiendiskurse auf dem untersuchten Portal. Folgende vier Kommentare bestätigen die Annahme, dass Quellen und Methoden der beobachtenden „Netnographie" (vgl. Janowitz o. J.) einen tiefen Einblick in die Prozesse der Namenfindung gewähren können:

Abbildung 1: Kommentar „Grimanesa" aus dem Thread „Nombres canarios" (Enfemenino. com (Hg.): Foro: Nombres canarios).

Grimanesa
por: aurembiaix

La escritura correcta del nombre es Grimanesa, con una sola S. Si lo buscas así encontrarás referencias a María Grimanesa, citada en diversas fuentes históricas. Lo del significado "amanecer gris" es totalmente fantástico (como tristemente suele pasar con los significados que se atribuyen a los nombres guanches).

Existe también el nombre Grimanesa (escrito Grimanessa en la obra Duocento novelle [1609], del escritor italiano Celio Malespini), de tradición literaria (aparece en el Amadís de Gaula), fue usado en Europa durante bastante tiempo y actualmente sigue siéndolo en Portugal y en América del Sur. En su uso en América influyó la figura de Grimanesa de Mogrovejo, hermana de San Toribio de Mogrovejo, arzobispo de Lima, y esposa de Francisco de Quiñónez, gobernador de Chile.

Aurembiaix
http://onomstica.mailcatala.com

enviado el 23/01/07 a las 18:29

Abbildung 2: Kommentar „Izam" aus dem Thread „Ayuda con estos nombres... ethan/izan, irune/istar" (Enfemenino.com (Hg.): Foro: Ayuda con estos nombres…ethan/izan, irune/istar).

Izam
por: alhendin

Tengo un niño de 5 años y se llama Izam. Yo traduje al español el típico inglés Ethan, que ni siquiera es inglés, porque me tiré 9 meses buscándolo y la única referencia que tengo es hebrea. Significa "poderoso" "vigoroso" y a mi me encanta desde una serie de TV que se llamaba TREINTA Y TANTOS ¿la recordais? Había un pelirojo que se llamaba así y me encantaba como sonaba. Al españolizarlo cambié la "n" final por "m" porque al revés dice nazi y no quería que en el cole mi hijo tuviese problemas, pero me parece un nombre con un sonido maravilloso.
Si ponía el original, siempre debía estar deletreando para que lo escribieran bien, pero vivo en Canarias y como aquí se sesea al final también tengo que deletrearlo para que lo escriban bien.
Gracias y un beso.

enviado el 29/10/08 a las 13:51

Abbildung 3: Kommentar „Mi nombre es genial" aus dem Thread „¿tan feo es mi nombre? 😊" (Enfemenino.com (Hg.): Foro: „¿tan feo es mi nombre? 😊).

Mi nombre es genial

pejipiji

Yo me llamo así, Rebeca, y me encanta.
He trabajado en atención telefónica y no te imaginas cuanta gente me ha dicho que tengo un nombre precioso... Por eso siempre me he preguntado porqué casi nadie se lo pone a sus hijas si les parece tan bonito. Creo que la respuesta me la dió mi madre que me contó que cuando mi padre llegó y le dijo que me había puesto Rebeca (sin decirle nada antes) no le gustó nada porque le parecía un nombre muy fuerte para un bebé. Me parece que ése es el caso, cuando piensas en un bebé buscas un nombre dulce y suave pero hay que pensar también que ese bebé crecerá y seguirá con el mismo nombre. A mí mami ahora sí le gusta y yo creo que este nombre me va perfecto porque tiene fuerza y personalidad propia.
En cuanto a que te llamen Rebe, Keka o Becky pues sí, no tiene nada de malo y a cada uno le gusta uno. A mí lo de Keka no me va ni me lo han dicho nunca y lo de Becky lo odio (cuando me llamaban así no contestaba así que hoy día nadie lo hace)pero me encanta cuando me llaman Rebe porque solo lo hacen las personas que me quieren o muy cercanas, es como un mimo. Para los demás soy Rebeca y repito que me encanta.
A mi hija no se lo pondré porque no me gusta repetir.

enviado el 2/05/07 a las 20:27

Abbildung 4: Anfangskommentar aus dem Thread „Leo o leonardo" (Enfemenino.com (Hg.): Foro: Leo o leonardo).

por:zznnbb

Hola!
Mi novio es extranjero con apellido aleman, asi q queremos darle a nuestro nino un nombre q se pueda decir igual en todas las lenguas, para q no haya problemas con las familias y las pronunciaciones.
El caso es q estamos mas o menos decididos por llamarlo Leo, pero a mi me suena como a diminutivo y por eso prefiero Leonardo, el dice q Leonardo le suena muy largo y que Leo, asi en corto, tambien es un nombre no solo un diminutivo.
No se, ustedes q piensan? A mi vale tambien Leonardo con un apellido aleman me suena un poco raro, pero es q Leo lo veo muy cortito...
Bueno, espero sus opiniones!
Un beso a todas y muchas grcias!

enviado el 28/01/05 a las 14:55   🅙 Alertar   💬 Responder

⭐ Añadir a favoritos

Anhand dieser Beispiele kann festgestellt werden, dass eine Analyse metaonymischer Online-Diskussionen[14] viele bisher offene Fragen der Benennungsmotivation, der Laienonomastik und gelegentlich der Namenpragmatik empirisch
beantworten kann, z. B.:

- Welche Rolle spielt die Etymologie bei der Namenvergabe? Die Benutzerin
  mit dem Nickname „alhendin" (Abb. 2) hat nach einer neunmonatigen Suche festgestellt, dass *Ethan*, Ausgangsform von *Izam*, „ein typisch englischer
  Name" hebräischer Etymologie mit den Bedeutungen „mächtig, kräftig" sein
  soll. Die Suche nach der Etymologie wurde jedenfalls gestartet, nachdem die
  Benutzerin am Namen eines Protagonisten aus einer Fernsehserie Gefallen
  gefunden hat.
- Welche Kenntnisse besitzen Benutzer über die Geschichte einzelner Rufnamen? Die Benutzerin „aurembiaix" nennt mehrere historische Persönlichkei-
  ten und literarische Figuren mit dem Namen *Grimanesa* (Abb. 1) und äußert
  sich kritisch über die Bedeutungsangabe „grauer Sonnenaufgang" anderer
  Benutzerinnen im Forum.
- Welche Rufnamen werden etwa als „für ein Baby unpassend" bewertet? Die
  Benutzerin mit dem Nickname „pejipiji" (Abb. 3) berichtet von einer negati-
  ven Reaktion ihrer Mutter auf den Alleingang ihres Vaters, der die Neugeborene mit dem Rufnamen *Rebeca* registriert hat. Dieser Name sei der Mutter
  „zu wuchtig" für ein Baby erschienen. Laut „pejipiji" evoziert ein Baby „einen
  süßen und sanften Namen", man solle jedoch daran denken, dass das Baby
  auch im erwachsenen Alter diesen Namen tragen wird.
- Welche Einstellungen gegenüber bestimmten Kurzformen einzelner Rufnamen weisen Benutzer auf? Laut der Benutzerin „pejipiji" (Abb. 3) sind *Rebe*,
  Keka und *Becky* als Kurzformen ihres Rufnamens *Rebeca* geläufig. Sie zieht
  Rebe vor, hat eine neutrale Einstellung gegenüber *Keka* und eine negative gegenüber *Becky*.
- Auf welche literarische Figuren bzw. Filmprotagonisten ist die Nachbenennung zurückzuführen? Die Benutzerin „alhendin" (Abb. 2) nennt den spanischen Titel der US-amerikanischen Fernsehserie „Thirtysomething" als
  Inspirationsquelle für den Rufnamen ihres Sohnes. *Izam* sei eine „Übersetz-
  zung ins Spanische" des Vornamens *Ethan*.

---

14 Zur Analyse von Online-Korpora vgl. Fraas / Pentzold 2008; zu den Online-Identitäten
    vgl. Androutsopoulos 2006 und Döring 2010; zu Methoden der Diskurslinguistik vgl.
    Spitzmüller / Warnke 2011.

- Welche regionalen Spezifika sind bei der Analyse der Benennungsmotivation zu berücksichtigen? Im Thread „nombres canarios" wird der Rufname *Grimanesa* (Abb. 1) neben einer Reihe weiterer Namen als „kanarisch" eingestuft.
- Aus welchen Gründen werden geläufige Vornamen kreativ umgestaltet? Die Benutzerin „alhendin" (Abb. 2) änderte die Form des verbreiteten Jungennamens *Izan* (Position 19 in der spanischen Statistik der häufigsten Rufnamen von Neugeborenen von 2014) zu *Izam*, nachdem sie festgestellt hatte, dass *Izan* bei der Umkehrung der Buchstabenfolge zu „nazi" wird. Auf diese Weise wollte sie möglichen Problemen ihres Sohnes in der Schule vorbeugen.
- Welche Vornamen werden in binationalen Familien als international eingeschätzt? Die Benutzerin „zznnbb" (Abb. 4) ist auf der Suche nach einem internationalen Rufnamen für ihren Sohn, weil ihr Partner „Ausländer mit einem deutschen Familiennamen" ist, und der Rufname eine einfache Aussprache „in allen Sprachen" aufweisen soll. Aus ihrer Sicht eignen sich *Leo* bzw. *Leonardo* für diesen Zweck.
- Aus welchen Phasen besteht der Benennungsprozess und welche Handlungen sind für einzelne Phasen charakteristisch (vgl. Aldrin 2014)? Der Anfangskommentar aus dem Thread „Leo o leonardo" (Abb. 4) liefert ein deutliches Beispiel für die Testphase des Benennungsprozesses: „a phase of testing when parents test how well the name suits the child or explore others' reactions to the name" (Aldrin 2014: 394). Die Benutzerin erläutert die Problematik der Rufnamenwahl für ihren Sohn (*Leo* erscheint ihr zu kurz, daher zieht sie den Namen *Leonardo* vor) und fragt nach den Meinungen anderer Forumbenutzerinnen.

3.2. Familiennamen

3.2.1. Entwicklung und etymologisch-semantische Zusammensetzung

Ab dem Anfang des 5. Jh. trug die absolute Mehrheit der Bevölkerung des Römischen Imperiums nur einen Individualnamen (Kajanto 1990: 61). Auch in der Übergangszeit von der Antike zum frühen Mittelalter (5.–6. Jh.) und im frühen Mittelalter (6.–9. Jh.) überwog in Westeuropa die Einnamigkeit. Sie war auf der Iberischen Halbinsel bis in das 11.–12. Jh. die Regel. Seit der frühesten mittelalterlichen Überlieferung, die im ausgehenden 8. Jh. im Zuge der Reconquista wieder einsetzt, konnten jedoch Filiations- / Verwandtschafts-, Orts- / Grundbesitz-, Tätigkeits- sowie Standesangaben die Namenträger näher bestimmen. Vgl. die folgenden Belege, in denen gleichnamige Personen näher bestimmt werden: Rudesindus diaconus *de Mendunendo* sede … item Rudesindus *filius Guterri* a.919; domna Gutina ... alia domna Gutina *filia Albaro* a.985; Pelagio Cidiz ... alio Pelagio Cidiz *de Asturias* a.1068. Wurden diese Angaben wiederholt mit dem Personennamen verwendet, konnten sie zu festen Beinamen werden.

Die Mehrheit der heutigen hispanischen Familiennamen lässt sich auf die mittelalterlichen Namenzusätze zurückführen. Filiationsangaben, der häufigste Namenzusatz im Mittelalter, entwickelten sich zur verbreitetsten Art der Familiennamen, vgl. *García, Martínez, Fernández, González, Rodríguez, López, Sánchez, Pérez, Gómez* usw. (Kremer 2004: 19). Neben dem zu allen Zeiten hoch frequenten patronymischen Suffix -'*iz* mit Varianten -*z*, -*oz*, -*zu*, -*eiz*, -*oiz*, heute -'*ez*, -*oz* (Rodericus *Fernandiz* a.915, Alvaro *Garceiz* a.971, domna Anderegoto *Semenoitz* a.1105), konnten Vaternamen dem Rufnamen nachgestellt werden (Dominico *Christoforo* / Dominico Christoforiz a.1065, Alvaro Didaz a.1013 / Alvaro *Didaco* a.1029), im lateinischen Genitiv (Adefonsus *Auellini* a.905, Didaco *Azenari* a.1076) oder etwa mit dem vorgestellten Zusatz *filius* / *proles* (Doretea *filia* Gundisalui a.1045, Gundisaluo *prolis* Luz a.1091) verwendet werden (Becker 2009a: 38–39).

Ortsangaben, darunter Namen von Städten, kleineren Ortschaften und Liegenschaften, wurden in der Regel mit der Präposition *de* verwendet: Nunno Alvaro *de Castella* a.1016, Uela Fierez *de Burgos* a.959, Daniel presbiter *de Coianka* a.941, Alvaro Fortunez *de villa Afovare* a.1051 (Becker 2009a: 42–43). Ortsangaben und Ethnika bilden den Ursprung der zweiten Kategorie der spanischen Familiennamen, nämlich detoponymischer Familiennamen, vgl. *Español, Aragonés, Toledo, Sevilla, Almagro, Aranjuez, Barrio, Villa, Villar, Torres, Castro, Corral, Iglesia, Barranco, Fuentes, Monte, Valle, Roca, Perales, Manzanares, Fresneda* usw. (Faure u. a. 2001: XXIV–XXV).

Aus Tätigkeits- und Standesangaben, die in der mittelalterlichen Überlieferung Vertreter der Oberschichten näher bezeichneten (Cagido *presbiter* a.773, Iuniz *notarius* a.864, Furtun Cite *alcalde* a.1036), entwickelte sich die semantische Kategorie der Familiennamen aus Berufsbezeichnungen, vgl. *Abad, Sacristán, Conde, Hidalgo, Alférez, Escribano, Herrero, Molinero, Sastre, Pastor, Vaquero, Caminero, Pedrero* usw. (Faure u. a. 2001: XXVII). Handwerksberufe (Kezino *carpentario* a.942, Gonzalvo *piscatore* a.1044) und Eigenschaften des Namenträgers (Maria cognomento *Redonda* a.1059, Belasco *Calvo* a.1034, Petro *Esquierdo* a.1197, Pelagius *Millesolidos* a.1150) treten in der mittelalterlichen Überlieferung in Verbindung mit Rufnamen nur selten in Erscheinung, was mit Sicherheit durch die geringe Präsenz der Nicht-Adligen am Rechtsverkehr zu erklären ist (Becker 2009a: 45). Seit dem 12. Jh. werden delexikalische, d. h. dem Alltagswortschatz entnommene Übernamen in der Überlieferung zunehmend sichtbar, daraus entwickelt sich eine Vielzahl heutiger Familiennamen. Unter den wichtigsten semantischen Kategorien der delexikalischen Übernamen, die zu verbreiteten Familiennamen wurden, sind folgende zu nennen: Körper- bzw. Charaktereigenschaften (*Curto, Chico, Gordo, Izquierdo, Crespo, Hermoso, Blanco, Rojo*), Körperteilbezeichnungen (*Barba, Barriga, Cabeza*), Kleidung (*Zapata, Correa*), Gegenstände (*Cuchillo, Machado, Espada, Carro*), Tiernamen (*Abeja, Gallina, Perro, Porco, Toro, Zorro*), Pflanzenbezeichnungen (*Cebolla, Hinojo, Puerro*), Lebensmittel (*Harina, Leche, Pimienta*) (Kremer 1992: 470–471).

Seit dem 12.–13. Jh. konnten Beinamen, darunter delexikalische Übernamen, vererbt werden. Die Mode auf bestimmte Rufnamen, die zu einer Verarmung des Namenschatzes führte, die Bevölkerungsexplosion (vgl. Kremer 1970–1982: §1, A.10; Kremer 1980: 102–103; Kremer 1992: 463), die wachsende Bedeutung der Erbfolge und Familienzugehörigkeit und weitere sozio-politische Veränderungen wie die zunehmende Feudalisierung (vgl. Bourin 2002: 13) werden unter den wichtigsten Gründen für den onymischen Umbruch, die Herausbildung erblicher Familiennamen, genannt. Das Bedürfnis, infolge des Ausbaus des Verwaltungsapparats Personen in Urkundentexten genau zu erfassen, hat gewiss ebenfalls eine Rolle gespielt (Brendler / Kouznetsova 2007: 730). Fälle von eindeutiger Familientradition erscheinen zunächst sporadisch, vgl. Pero *Fernandez* fijo de Pero *Fernandez* a.1253 (Kremer 1992: 466), während die spontane Bildung von Patronymen noch möglich war: Martin *Perez* fiio de don *Pero* el couo a.1262, don Diego *Lopez* fijo de *Lope* Dias el Chico a.1342 (Kremer 1992: 465). In manchen Fällen trägt bei der Aufzählung mehrerer Familienmitglieder nur der Erstgeborene einen Beinamen, vgl. ego Uelascus una cum filiis meis, scilicet Iohannes *de Sancta Marta*, Bartholomeus, Lupus, Columba a.1226 (Kremer 1992: 466).

Die Ursache für die Entstehung des spanischen Doppelnamen-Systems, d. h. einer Kombination aus dem väterlichen und mütterlichen Familiennamen, liegt anscheinend in der Notwendigkeit der „Bewahrung des jeweiligen Stammsitzes bzw. Familientradition im Namen des Haupterben" (Kremer 1992: 467). Unter weiteren Gründen werden die Homonymie der zahlreichen Patronyme auf -ez und arabisch-semitische Einflüsse genannt (Moreu-Rey 1989, zit. nach Kremer 1992: 460).

Die Verordnung des Konzils von Trient, Namen bei der Eheschließung und Taufe in Pfarreiregistern aufzuführen, führte zu einer „Erstarrung des charakteristischen Systems des doppelten FN [Familiennamens]" seit dem 16. Jh. (Kremer 1992: 460). Da die genaue Namenform jedoch nicht vorgegeben wurde, schwankte der Gebrauch bis zur ersten gesetzlichen Regelung (1870) z. T. sehr stark, so war die Reihenfolge der Familiennamen nicht fixiert, Kinder aus einer Familie konnten unterschiedliche Familiennamen tragen und die Familiennamen zweier

Generationen mussten nicht übereinstimmen, vgl. Pedro *Martin Xuarez*, Sohn von Pedro *Martin* und Elbira *Xuarez*, gegenüber Francisco *Hernandes* und Ana *Garçia*, Kinder von Francisco *Garçia* und Teresa *Hernandes* a.1586, Adam *Perez* fiio de Miguel *Domingo* a.1326 (Kremer 1992: 467).

In den ersten Jahrhunderten nach der Kolonialisierung breiteten sich zahlreiche spanische Familiennamen in der Neuen Welt aus. Bei Menschen indigener Abstammung wurden ihre ursprünglichen Rufnamen häufig den christlichen Taufnamen nachgestellt, vgl. Baltasar *Fanchafue*, Francisco *Callajui* und Diego *Viltipoco*, Namen idigener Häuptlinge im Nordwesten Argentiniens im 17. Jh. (Bustos Argañarás 2014: 18). In Peru wurde der offizielle Gebrauch von Rufnamen und Beinamen auf dem Dritten Konzil von Lima von 1583 folgendermaßen geregelt:

> Para que se eviten los yerros... totalmente se les quite a los yndios el usar de los nombres de su gentilidad e ydolatría y a todos se les ponga nombres en el baptismo cuales se acostumbran entre christianos [...] Mas los sobrenombres para que entre sí se diferencien, procurense que los varones procuren los de sus padres, las mugeres los de sus madres. (Kapitel 11 „De los nombres de los yndios", zit. nach Medinaceli 2003: Kapitel „Lectura desde la historia", o. S.)

Solche Beinamen dienten folglich explizit dem Zweck der genauen Identifizierung gleichnamiger Personen, wobei Männer und Frauen jeweils die Namen ihrer Väter und Mütter als Beinamen führten. Deren Weitervererbung fand jedoch in den meisten Fällen nicht statt, nachfolgende Generationen nahmen spanische Familiennamen an. Während in einer Urkunde im argentinischen Córdoba von 1732 eine Person sowohl *Agustín Macacotabi* mit einem indigenen Beinamen als auch *Agustín de Peralta* genannt wird, tragen seine Kinder im gleichen Text ausschließlich den Beinamen *de Peralta* (Bustos Argañarás 2014: 19). In der zweiten Hälfte des 18. Jh. bilden Beinamen indigener Herkunft wie *Cabiltuna, Chilote, Ucucha, Calilián, Yanguerca, Chiquillán, Tulián, Miebiec* usw. eine Ausnahme im Rechtsschrifttum Zentralargentiniens, während sich im Nordwesten des Landes eine Reihe vererbbarer Familiennamen herausgebildet hat: *Sigampa, Campillay, Chanampa, Millicay, Aballay, Alive, Tarcaya, Chancalay, Chaile, Samaya* usw. (Bustos Argañarás 2014: 19). In Bolivien und Perú sind folgende Familiennamen indigener Herkunft (Quechua und Aymara) bis heute im Gebrauch: *Quispe, Vilca, Huanca, Condori, Apaza, Mamani, Ayaviri, Caquiaviri* usw. (Bustos Argañarás 2014: 20). In Bolivien wurden einige Familiennamen der Aymara-Etymologie hispanisiert, so wurde *Wituya* in *Bedoya*, *Quispe* in *Gisbert* und *Guarachi* in *Guachalla* transformiert (Medinaceli 2003: Kapitel „Lectura ,semántica'", o. S.).

Sklaven tragen in der Überlieferung in der Regel einen christlichen Taufnamen, dem häufig ein Beiname nachgestellt wird, vgl. die Sklaven Agustín *Tutu*, Antonio *Alcaldero*, Juan *Pandy*, Juan *Canbundo*, Antón *Zuqui*, Antonio *Moncholo*, Francisco *de Cala* und Isabel *Mesra* in einem Testament im argentinischen Córdoba von 1633 (Bustos Argañarás 2014: 21). Solche Beinamen, die z. T. zu Familiennamen geworden sind, stellten sich z. B. im kolonialen Peru aus Ethnika (*angola, mandinga, carabalí, lucumí* usw.), Herkunftsorten (*Biafra, Congo, Lima, Chiclayo* usw.), Herkunfts- bzw. Wohnortsbezeichnungen (*limeño, panameño, chiclayano*), Rassebezeichnungen (*negro, mulato, zambo, pardo* usw.) und weiteren näher bestimmenden Angaben zusammen (Cuba Manrique 2002: o. S.). Seit der Mitte des 18. Jh. trugen die Sklaven in Argentinien zunehmend den Familiennamen des Besitzers, vgl. José Tomás *Baigorrí*, „*mulato azambado"*, der 1744 von seinem Besitzer Gabriel de *Baigorrí* verkauft wurde (Bustos Argañarás 2014: 21).

Seit dem 18. Jh. hat sich die Verwendung der jeweils ersten Familiennamen väterlicher- und mütterlicherseits in Spanien etabliert. Aber erst mit der Einführung des Personenstandsregisters (*Registro Civil*) im Jahr 1870 und der Einführung der gesetzlichen Strafbarkeit wegen der Verwendung eines nicht registrierten Familiennamens wurden keine Abweichungen vom Doppelnamen-System mehr zugelassen (Brendler / Kouznetsova 2007: 734).

Im 19. Jh. wurde der Familiennamenbestand in mehreren Ländern Hispanoamerikas durch die Zuwanderung aus Europa erweitert. In Argentinien werden etwa Familiennamen italienischer Herkunft von einem beträchtlichen Bevölkerungsanteil getragen. Cacia 2012 skizziert z. B. die Geschichte mehrerer Familiennamen piemontesischer Herkunft in der Provinz Santa Fé seit den 80er Jahren des 19. Jh. bis in die Gegenwart: *Balbi, Barbero, Baroni, Beltran, Costamagna, Ferrari, Ferrero* usw.

3.2.2. Gegenwärtige Situation

3.2.2.1. Gesetzlicher Rahmen

3.2.2.1.1. Spanien

In Spanien wird die Vergabe der Familiennamen im Kapitel I „Inscripción de nacimiento", Sektion 2.a „Contenido de la inscripción de nacimiento", Artikel 49–57 des aktualisierten *Registro Civil* von 2011 folgendermaßen geregelt:

Artículo 49. *Contenido de la inscripción de nacimiento y atribución de apellidos.*
1. En la inscripción de nacimiento constarán los datos de identidad del nacido consistentes en el nombre que se le impone y los apellidos que le correspondan según su filiación. Constarán asimismo el lugar, fecha y hora del nacimiento y el sexo del nacido.

2. La filiación determina los apellidos.
Si la filiación está determinada por ambas líneas, los progenitores acordarán el orden de transmisión de su respectivo primer apellido, antes de la inscripción registral. [...]
El orden de los apellidos establecido para la primera inscripción de nacimiento determina el orden para la inscripción de los posteriores nacimientos con idéntica filiación.
En esta primera inscripción, cuando así se solicite, podrán constar la preposición «de» y las conjunciones «y» o «i»entre los apellidos, en los términos previstos en el artículo 53 de la presente Ley. (Agencia Estatal, Gobierno de España 2011)

Die Reihenfolge der beiden Komponente des Familiennamens wurde erst im Artikel 194 des *Reglamento del Registro Civil* von 1958 zum ersten Mal festgelegt: „apellido paterno es el primero del padre; materno, el primero de los personales de la madre aunque sea extranjera" (Fernández Pérez 2015: 28). Seit 1999 (*Ley 40/1999*) durfte die Reihenfolge der Familiennamen durch die Eltern oder durch den volljährigen Namenträger geändert werden (Fernández Pérez 2015: 28). Seit 2011 kann sie von den Eltern bereits vor dem Geburtseintrag im Standesamt frei bestimmt werden, die selbstverständliche Zuweisung des väterlichen Familiennamens an der ersten Stelle wurde somit endgültig aufgehoben. Alle Kinder gleicher Abstammung müssen identische Familiennamen tragen, die bei der Geburt des ersten Kindes vergeben wurden. Die Beibehaltung der Mädchennamen bei Eheschließung wurde im Artikel 137 des *Reglamento del Registro Civil* von 1958 festgelegt und bleibt bis heute bestehen: „La mujer casada se designará con sus propios apellidos, aunque usare el de su marido. La extranjera que, con arreglo a su ley personal, ostente el apellido de su marido, será designada con éste, pero se hará referencia, además, al apellido de nacimiento" (Agencia Estatal, Gobierno de España 2015).

3.2.2.1.2. Mexiko

Im mexikanischen *Código Civil Federal* von 1928, mit letzten Änderungen von 2013, wird die obligatorische Zuweisung des ersten Familiennamens des Vaters („apellido paterno") an erster Stelle, gefolgt vom ersten Familiennamen der Mutter, vorausgesetzt:

Artículo 58. El acta de nacimiento se levantará con asistencia de dos testigos. Contendrá el día, la hora y el lugar del nacimiento, el sexo del presentado, el nombre y apellidos que le correspondan [...]
En los casos de los artículos 60 [Para que se haga constar en el acta de nacimiento el nombre del padre de un hijo fuera del matrimonio ...] y 77 [Si el padre o la madre de un hijo natural, o ambos, lo presentaren para que se registre su nacimiento ...] de este Código el Juez pondrá el apellido paterno de los progenitores o los dos apellidos del que lo reconozca. (Cámara de diputados (Hg.): *Código Civil Federal*)

Abweichungen von dieser Reihenfolge wurden bisher de facto nicht zugelassen. Im Juni 2014 hat die Gesetzgebende Nationalversammlung Mexikos (*Asamblea Legislativa*) eine folgende Änderung des Artikels 58 angenommen, welche die Bestimmung der Reihenfolge der Familiennamen den Eltern überlassen soll:

> El orden de los apellidos será designado por acuerdo entre los padres y/o madres según sea el caso, y dicho acuerdo regirá para los demás hijos del mismo vínculo; en caso de desacuerdo, el orden se determinará bajo la regla general. (Reyes / Mejía 2015)

Allerdings wurde diese Änderung von einer höheren Instanz (*Consejería Jurídica y de Servicios Legales*) abgelehnt. Als Begründung für die Ablehnung wurden drohende Probleme bei der Ausstellung von Urkunden wie der persönlichen Identifikationsnummer (*Clave Única del Registro de Población*) sowie des Wähler- und Personalausweises genannt (Reyes / Mejía 2015). Im Jahr 2015 entschied eine Bundesrichterin allerdings einen Gerichtsprozess zugunsten der Eltern, die nach einer Ablehnung durch das Standesamt des Hauptstadtbezirks Distrito Federal ihren beiden Töchtern den ersten Familiennamen der Mutter, gefolgt vom ersten Familiennamen des Vaters, zuweisen durften (Reyes / Mejía 2015). Im Laufe des Gerichtsprozesses wurde der Artikel 58 des *Código Civil Federal* für verfassungswidrig erklärt (Reyes / Mejía 2015). Entsprechende regionale Gesetzesänderungen, welche die Bestimmung der Reihenfolge der Familiennamen den Eltern überlassen, wurden etwa im Hauptstadtbezirk Distrito Federal bereits im Jahr 2014 (Ramírez 2014) und im Staat México im Jahr 2015 (o. A. 2015b) verabschiedet.

Die Namenführung bei der Eheschließung ist in Mexiko auf der Bundesebene nicht geregelt. Jeder Bundesstaat verfügt über ein eigenes *Ley del Notariado* (LN), das im Abshnitt „De los documentos / instrumentos notariales" jeweils unterschiedliche Regeln der Namenführung für verheiratete Frauen vorschreibt. In den Bundestaaten México (LN 2001), Chiapas (LN 2012) u. a. wird ein Verbot der offiziellen Namenänderung für Frauen nach der Eheschließung festgelegt: „Al expresar el nombre de una mujer casada, incluirá su apellido materno" (Secretaría de Gobernación (Hg.): *Ley del notariado del Estado de México*; Procuraduría general de justicia del Estado (Hg.): *Ley del notariado para el Estado de Chiapas*). Im Hauptstadtbezirk *Distrito Federal* (LN 2000) dürfen bei verheirateten Frauen in behördlichen Angelegenheiten zu ihren beiden ursprünglichen Familiennamen der erste Familienname bzw. beide Familiennamen des Ehemannes hinzugefügt werden: „Sólo que la mujer casada lo pida, se agregará a su nombre y apellidos, el apellido o apellidos paternos del marido" (Colegio de notarios del Distrito Federal (Hg.): *Ley del notariado para el Distrito Federal)*. Auch diese letzte Möglichkeit impliziert jedoch keine offizielle Namenänderung. Nach dem Gewohnheitsrecht werden verheiratete Frauen häufig mit dem ersten Familiennamen des Ehemannes und der vorangestellten Präposition „de" genannt (Arce Gargollo 1991: 36).

3.2.2.1.3. Argentinien

In Argentinien trat folgende Regelung der Familiennamenvergabe mit dem *Código Civil y Comercial de la Nación* von 2014 (Artikel 64–67) in Kraft:

Artículo 64. *Apellido de los hijos.*
El hijo matrimonial lleva el primer apellido de alguno de los cónyuges; en caso de no haber acuerdo, se determina por sorteo realizado en el Registro del Estado Civil y Capacidad de las Personas. A pedido de los padres, o del interesado con edad y madurez suficiente, se puede agregar el apellido del otro.
Todos los hijos de un mismo matrimonio deben llevar el apellido y la integración compuesta que se haya decidido para el primero de los hijos.

Artículo 67. *Cónyuges.*
Cualquiera de los cónyuges puede optar por usar el apellido del otro, con la preposición „de" o sin ella.
La persona divorciada o cuyo matrimonio ha sido declarado nulo no puede usar el apellido del otro cónyuge, excepto que, por motivos razonables, el juez la autorice a conservarlo.
El cónyuge viudo puede seguir usando el apellido del otro cónyuge mientras no contraiga nuevas nupcias, ni constituya unión convivencial.

Im Vergleich zum *Ley 18248* von 1969 wurden beide Eltern, einschließlich der gleichgeschlechtlichen Paare,[15] in Bezug auf die Familiennamenvergabe gleichgestellt: Das neugeborene Kind erhält den ersten Familiennamen eines Elternteils. Die früher obligatorische Zuweisung des väterlichen Familiennamens wurde auch im Fall der elterlichen Uneinigkeit bei der Namenbestimmung aufgehoben. Darüber hinaus wird die Möglichkeit eingeräumt, den Familiennamen des zweiten Elternteils hinzuzufügen. Alle Kinder aus einer Ehe müssen einen identischen Familiennamen tragen. Im Artikel 67 wird ferner die Möglichkeit

---

15 Im *Ley 26618* von 2010 wurde die erste Regelung in Bezug auf gleichgeschlechtliche Eltern eingeführt: „Los hijos matrimoniales de cónyuges del mismo sexo llevarán el primer apellido de alguno de ellos" (Fernández Pérez 2015: 647, Fußnote 1290). Bei heterosexuellen Eltern wurde die obligatorische Zuweisung des ersten Familiennamens des Vaters beibehalten.

der Namenänderung bei der Eheschließung geregelt: Ein Ehepartner darf nach Wunsch den Familiennamen des anderen Ehepartners, mit oder ohne Präposition „de", annehmen. Auch diese Änderung hat die Gleichstellung hetero- und homosexueller Paare sowie von Mann und Frau zum Ziel, vgl. den entsprechenden Passus im *Ley 18248* von 1969: „Será optativo para la mujer casada, añadir a su apellido el del marido, precedido por la preposición ‚de'" (Secretaría de Derechos Humanos de la Provincia de Buenos Aires (Hg.): *Ley No 18248. Nombre de las personas*). Die Möglichkeit der Beibehaltung des gemeinsamen Ehenamens nach der Scheidung wird hingegen nicht mehr gegeben. Der Passus über die Möglichkeit einer graphischen und phonetischen Adaption nicht argentinischer Familiennamen „mit schwieriger Aussprache" an das Spanische wurde entfernt (Secretaría de Derechos Humanos de la Provincia de Buenos Aires (Hg.): *Ley No 18248. Nombre de las personas*).

3.2.2.2. Häufige Familiennamen

Für die folgende Übersicht werden ausschließlich direkte Angaben der nationalen Statistikinstitute berücksichtigt. Zahlreiche Online-Artikel auf Presseportalen (vgl. o. A. 2015c) oder in der Wikipedia (s. Artikel „Apellidos más comunes en España e Hispanoamérica") zitieren statistische Angaben des „genealogischen Portals" *forebears.io*, das nach eigenen Angaben seit 2012 eine große Anzahl von genealogischen Online-Quellen wie *Ancestry* oder *Find-MyPast* bündelt und zur Verfügung stellt. Auf der Grundlage dieser Quellen bietet das Portal Listen der 200 häufigsten Familiennamen zahlreicher Länder. Die Berechnungsmethoden für diese Statistiken sind jedoch völlig intransparent, was dieses Material für onomastische Untersuchungen unbrauchbar macht. Es bleibt z. B. unklar, welche konkreten Quellen, welche Zeitabschnitte und welche Namenkombinationen (etwa beide oder nur jeweils der erste Familienname?) bei der Berechnung der häufigsten Familiennamen im Jahr 2014 in Spanien (*García* mit 1.489.445 Belegen, *González, Rodríguez, Fernández, López* usw.), Mexiko (*Hernández* mit 2.534.379 Belegen, *García, López, Martínez, González* usw.) oder Argentinien (*González* mit 369.119 Belegen, *Rodríguez, López, Fernández, García* usw.) (Forebears.io (Hg.): *Spain; Mexico; Argentina*) ausgewertet wurden. Aus ähnlichen Gründen können weitere Portale wie etwa *Wolrd Family Names Profiler* nur mit Einschränkungen für onomastische Analysen herangezogen werden.

3.2.2.2.1. Spanien

Im Folgenden werden die ersten 20 Einträge aus der Liste der 100 häufigsten ersten Familiennamen der spanischen Gesamtbevölkerung im Jahr 2015 nach Berechnungen des spanischen *Instituto Nacional de Estadística* entnommen:

Tabelle 16: Die 20 häufigsten ersten Familiennamen der Gesamtbevölkerung Spaniens (Stand: 01.01.2015).

	Erster Familienname	Absolute Häufigkeit	Pro 1.000 Einwohner
1	García	1.473.189	31,6
2	González	927.393	19,9
3	Rodríguez	926.148	19,9
4	Fernández	919.724	19,7
5	López	872.744	18,7
6	Martínez	835.192	17,9
7	Sánchez	818.438	17,6
8	Pérez	780.210	16,7
9	Gómez	492.079	10,6
10	Martín	490.860	10,5
11	Jiménez	392.567	8,4
12	Ruiz	368.026	7,9
13	Hernández	359.617	7,7
14	Díaz	338.810	7,3
15	Moreno	319.874	6,9
16	Muñoz	282.350	6,1
17	Álvarez	281.909	6,0
18	Romero	220.034	4,7
19	Alonso	198.239	4,3
20	Gutiérrez	194.402	4,2

Quelle: Instituto Nacional de Estadística (Hg.): *Apellidos y nombres más frecuentes.*

Lediglich zwei Familiennamen aus dieser Liste sind nicht patronymischen Ursprungs: *Moreno* von einem Übernamen mit der Bedeutung ‚dunkelhäutig' sowie *Romero* von einem Übernamen ‚Rompilger'.

Die folgende Zusammenstellung der 20 häufigsten ersten Familiennamen für sechs ausgewählte Wohnsitzprovinzen im Zentrum, Norden, Süden und Südosten Spaniens sowie auf den Kanarischen Inseln verdeutlichen einige regionale Spezifika:

Tabelle 17: Die jeweils 20 häufigsten ersten Familiennamen in sechs ausgewählten Provinzen Spaniens (Stand: 01.01.2015).

	Madrid	Burgos	Asturias	Murcia	Sevilla	Las Palmas
1	García	García	Fernández	Martínez	García	Rodríguez
2	González	González	García	García	Rodríguez	Santana
3	Fernández	Martínez	González	Sánchez	González	González
4	Sánchez	Pérez	Álvarez	López	Fernández	Hernández
5	López	López	Rodríguez	Pérez	Sánchez	García
6	Rodríguez	Fernández	Martínez	Fernández	López	Pérez
7	Martín	Alonso	Suárez	Hernández	Pérez	Suárez
8	Martínez	Martín	López	González	Jiménez	Sánchez
9	Pérez	Ruiz	Pérez	Ruiz	Gómez	Martín
10	Gómez	Rodríguez	Díaz	Navarro	Martín	Díaz
11	Jiménez	Gómez	Menéndez	Gómez	Romero	Cabrera
12	Díaz	Díez	Alonso	Rodríguez	Ruiz	López
13	Hernández	Gutiérrez	Sánchez	Moreno	Martínez	Medina
14	Moreno	Santamaría	Iglesias	Muñoz	Moreno	Ramírez
15	Muñoz	Ortega	Gutiérrez	Jiménez	Díaz	Jiménez
16	Ruiz	Saiz	Blanco	Martín	Muñoz	Vega
17	Álvarez	Sanz	Gomez	Díaz	Domínguez	Ramos
18	Alonso	Sánchez	Mendez	Molina	Álvarez	Marrero
19	Gutiérrez	Hernando	Vázquez	Nicolás	Gutiérrez	Quintana
20	Sanz	Peña	Martín	Cánovas	Vázquez	Morales

Quelle: Instituto Nacional de Estadística (Hg.): *Apellidos y nombres más frecuentes.*

Wenngleich die Kombinationen der 20 häufigsten Familiennamen in den genannten Wohnsitzprovinzen jeweils unterschiedliche Verteilungsmuster ergeben, dürften lediglich zwei Familiennamen in diesen Listen als regional markiert gelten, da sie außerhalb der entsprechenden Provinzen nur selten auftreten: *Cánovas* katalanischer Herkunft für Murcia (Faure u. a. 2001: 204) und *Marrero* unbekannter Etymologie für Las Palmas und die Kanaren insgesamt (Faure u. a. 2001: 499). Die Unterschiede zwischen den häufigsten Familiennamen nach Wohnorts- und Geburtsprovinzen fallen bei den untersuchten Provinzen nicht ins Gewicht. Neben den allgegenwärtigen patronymischen Familiennamen wie *García, González, Fernández, Rodríguez, Martínez, López, Sánchez, Pérez, Álvarez* usw. gehören detoponymische *Ortega, Peña, Iglesias, Molina, Cabrera, Vega, Quintana, Medina, Morales, Santamaría* und *Santana* zu den häufigsten Familiennamen in den genannten Regionen.

3.2.2.2.2. México

Das mexikanische *Instituto Nacional Electoral* beschränkt seine öffentlich zugänglichen statistischen Angaben auf die fünf häufigsten väterlichen und mütterlichen Familiennamen Mexikos:

Tabelle 18: Die fünf häufigsten väterlichen und mütterlichen Familiennamen in Mexiko (Stand: 15.04.2015).

	Familienname	Absolute Häufigkeit als väterlicher Familienname	Absolute Häufigkeit als mütterlicher Familienname
1	Hernández	3.429.884	3.503.530
2	García	2.538.255	2.555.613
3	Martínez	2.394.544	2.412.225
4	López	2.176.817	2.195.138
5	González	1.980.660	1.991.888

Quelle: Instituto Nacional Electoral (Hg.): *Estadísticas Lista Nominal y Padrón Electoral.*

Wie in Spanien (*García, González und López* unter den Top 5, *Martínez* auf Platz 6 und *Hernández* auf Platz 13) gehören die patronymischen Spitzenreiter in Mexiko zu den häufigsten Familiennamen.

Wie bereits oben erwähnt, ist *Hernández Hernández* erwartungsgemäß die häufigste Kombination des väterlichen und mütterlichen Familiennamens in Mexiko. Die Tabelle 8 oben enthält den jeweils häufigsten Personennamen in den 32 Bundesstaaten, wobei die sämtlichen Ruf- und Familiennamen von Männern und Frauen in die Statistik eingeflossen sind. Neben unterschiedlichen Kombinationen der patronymischen Spitzenreiter wie *Martínez Martínez* in Aguascalientes, *García García* in Baja California, *López Hernández* in Campeche oder *Pérez Pérez* in Chiapas fallen *Ceseña Ceseña* in Baja California Sur (8 Personen), *Carrillo de la Cruz* in Nayarit (13 Personen), *Valenzuela Valenzuela* in Sonora (33 Personen) und *Chan Chan* (11 Personen) in Yucatán auf.

Die folgende Übersicht der 18 häufigsten väterlichen Familiennamen in ausgewählten Bundesstaaten im Zentrum, Nordwesten, Norden und Südosten Mexikos wurde den Angaben des *Instituto Nacional Electoral* entnommen:

Tabelle 19:   Die jeweils 18 häufigsten ersten Familiennamen in sechs ausgewählten Bundesstaaten Mexikos.

	Distrito Federal	Baja California	Chihuahua	Hidalgo	Tlaxcala	Yucatán
1	Hernández	García	Hernández	Hernández	Hernández	Chan
2	García	López	González	Martínez	Pérez	Pech
3	Martínez	Hernández	García	García	Sánchez	Canul
4	González	González	Rodríguez	Pérez	Flores	May
5	López	Martínez	Martínez	Cruz	López	Canche
6	Sánchez	Rodríguez	López	López	García	Dzul
7	Pérez	Ramírez	Pérez	González	Rodríguez	Pérez
8	Rodríguez	Pérez	Ramírez	Ramírez	Vázquez	González
9	Ramírez	Sánchez	Chávez	Sánchez	González	López
10	Flores	Flores	Sánchez	Rodríguez	Morales	Poot
11	Cruz	Gómez	Flores	Bautista	Ramírez	Cauich
12	Jiménez	Torres	Torres	Trejo	Romero	Chi
13	Reyes	Gutiérrez	Gutiérrez	Mendoza	Martínez	Ku
14	Morales	Morales	Morales	Reyes	Muñoz	Caamal
15	Gómez	Ruiz	Domínguez	Gómez	Juárez	Uc
16	Vázquez	Díaz	Mendoza	Flores	Rojas	Rodríguez
17	Torres	Reyes	Reyes	Vargas	Díaz	Balam
18	Gutiérrez	Jiménez	Cruz	Jiménez	Cruz	Chan

Quelle: Instituto Nacional Electoral (Hg.): *Estadísticas Lista Nominal y Padrón Electoral.*

Neben den gesamthispanischen Spitzenreitern wie *Hernández, García, López,
Pérez, Martínez, Sánchez, González* usw. treten bereits unter den 18 häufigsten
Familiennamen solche zu tage, die in mehreren mexikanischen Staaten hoch
verbreitet sind, während sie im Spanien insgesamt seltener vorkommen und
z. T. regional markiert sind: *Flores* (Position 60 in der spanischen Statistik von
2015), *Cruz* (Position 53 in Spanien, 36 in Las Palmas), *Reyes* (69 in Spanien,
27 in Santa Cruz de Tenerife, 32 in Córdoba, 34 in Cádiz, 37 in Las Palmas, 41
in Huelva, 41 in Sevilla), *Chávez* (fehlt in der Liste der 100 häufigsten Familiennamen Spaniens und der jeweils 50 häufigsten Familiennamen in einzelnen
Provinzen), *Mendoza* (49 in Las Palmas), *Bautista* (fehlt, laut Faure u. a. (2001:
131–132) auf den Kanarischen Inseln öfter anzutreffen), *Trejo* (fehlt), *Vargas* (86
in Spanien, 48 in Granada, 26 in Almería, 46 in Sevilla), *Juárez* (fehlt), *Rojas*
(100 in Spanien, 48 in Toledo als Geburtsprovinz). Eine hohe Verbreitung von
Familiennamen, die aktuell für den Süden Spaniens bzw. die Kanarischen Inseln
charakteristisch sind, deutet möglicherweise auf die Spuren des „atlantischen

Spanisch"[16] im Familiennamenbestand. Weitere quantitative Untersuchungen könnten darauf zielen, mögliche historisch bedingte Zusammenhänge zwischen einzelnen Regionen Mexikos, dem kontinentalen Spanien und den Kanarischen Inseln offenzulegen.

Familiennamen der Maya-Herkunft wie *Chan, Pech, Canul, May, Canche, Dzul* usw. in der Provinz Yucatán offenbaren einen spezifischen Familiennamenbestand auf der Halbinsel Yucatán. Dieses „subsistema de apellidos" (Mateos 2010: 90) wird durch breiter angelegte Analysen auch für die Provinzen Quintana Roo und Campeche bestätigt. Unter weiteren verbreiteten Maya-Familiennamen befinden sich *Chi, Poot, Uc, Balam, Caamal, Pool, Ku, Dzib, Cauich, Tun, Uicab, Olan, Moo, Cahuich, Ek, Puc, Huchin, Pat, Ake, Can* und *Couoh* (Mateos 2010: 90). Die ersten quantitativen Erhebungen zeigen, dass ca. 60 % der mexikanischen Bevölkerung 548 der häufigsten Familiennamentypen tragen (Mateos 2010: 76).

3.2.2.2.3. Kolumbien

Auf der Webseite des *Registraduría Nacional* Kolumbiens wird die folgende Liste der 15 häufigsten Familiennamen in Kolumbien in 2010 zur Verfügung gestellt. Es handelt sich vermutlich um die väterlichen Familiennamen, nähere Angaben dazu fehlen.

Tabelle 20: Die 15 häufigsten Familiennamen in Kolumbien im Jahr 2010.

	Familiennamen	Absolute Häufigkeit
1	Rodríguez	707.786
2	Gómez	537.843
3	González	531.484
4	Martínez	530.721
5	García	524.835
6	López	509.880
7	Hernández	454.471
8	Sánchez	449.750
9	Ramírez	427.404
10	Pérez	418.660
11	Díaz	388.419
12	Muñoz	293.759

---

16 Vgl. Becker im Druck.

	Familiennamen	Absolute Häufigkeit
13	Rojas	286.038
14	Moreno	265.374
15	Jiménez	261.391

Quelle: Registraduría Nacional del Estado Civil 2010.

Der einzige Familienname in dieser Liste, der nicht als gesamthispanischer Spitzenreiter betrachtet werden kann, ist *Rojas* (s. oben).

Bibliographie

Primärquellen

Academia de l'Aragonés (Hg.) (2014): *Antroponimia aragonesa*, Edicions Dichitals de l'Academia de l'Aragonés, http://www.academiadelaragones.org/biblio/Edacar9.pdf (10.06.2016).

Agencia Estatal, Gobierno de España (Hg.) (2011): *Ley 20/2011, de 21 de julio, del Registro Civil*, https://www.boe.es/boe/dias/2011/07/22/pdfs/BOE-A-2011-12628.pdf (10.06.2016).

Agencia Estatal, Gobierno de España (Hg.) (2015): *Decreto de 14 de noviembre de 1958 por el que se aprueba el Reglamento de la Ley del Registro Civil*, https://www.boe.es/buscar/act.php?id=BOE-A-1958-18486&b=171&tn=1&p=19860919#art137 (15.05.2016).

Aufemenin.com (Hg.): *Accueil*, http://corporate.aufeminin.com (15.06.2016).

Babycenter.com (Hg.): *Los nombres más frecuentes en México desde 1930*, http://espanol.babycenter.com/a6700022/los-nombres-m%25C3%25A1s-frecuentes-en-m%25C3%25A9xico-desde-1930#ixzz46w4GLcgF (25.04.2016)

Cámara de diputados (Hg.): *Código Civil Federal*, http://www.diputados.gob.mx/LeyesBiblio/pdf/2_241213.pdf (24.04.2016).

Castro, Ángeles (2015): „Nombres populares: Sofía y Thiago, los más elegidos para los bebes porteños". In: *LaNación.com.ar*, 17.01.2015, http://www.lanacion.com.ar/1760784-nombres-populares-sofia-y-thiago-los-mas-elegidos-para-los-bebes-portenos (27.04.2016).

Colegio de notarios del Distrito Federal (Hg.): *Ley del notariado para el Distrito Federal*, http://www.colegiodenotarios.org.mx/documentos/ley_notariado_df.pdf (20.05.2016).

Enfemenino.com (Hg.): *Foro: Ayuda con estos nombres…ethan/izan, irune/istar*, http://foro.enfemenino.com/forum/prenoms/__f1040_prenoms-Ayuda-con-estos-nombres-ethan-izan-irune-istar.html (02.05.2016).

Enfemenino.com (Hg.): *Foro: Leo o leonardo*, http://foro.enfemenino.com/forum/prenoms/__f568_prenoms-Leo-o-leonardo.html (02.05.2016).

Enfemenino.com (Hg.): *Foro: Nombres canarios*, http://foro.enfemenino.com/forum/prenoms/__f973_p2_prenoms-Nombres-canarios.html (02.05.2016).

Enfemenino.com (Hg.): *Foro: „¿tan feo es mi nombre?* ☺, http://foro.enfemenino.com/forum/prenoms/__f532_prenoms-tan-feo-es-mi-nombre-triste.html (02.05.2016).

Forebears.io (Hg.): http://forebears.io (20.05.2016).

Instituto Nacional de Estadística (Hg.): *Apellidos y nombres más frecuentes*, http://www.ine.es/daco/daco42/nombyapel/nombyapel.htm (25.04.2016).

Instituto Nacional Electoral (Hg.): *Estadísticas Lista Nominal y Padrón Electoral*, http://www.ine.mx/archivos3/portal/historico/contenido/Estadisticas_Lista_ Nominal_y_Padron_Electoral/ (25.04.2016).

Ministerio de Justicia (Hg.): *Ley del Registro Civil de 8 de junio de 1957*, http:// www.mjusticia.gob.es/cs/Satellite/1292338903496?blobheader=application%- 2Fpdf&blobheadername1=Content-Disposition&blobheadervalue1=attach- ment%3B+filename%3DArt%C3%ADculos_40-46_de_la_ley_de_Registro_ Civil_de_8_de_Junio_de_1957..PDF (10.06.2016).

o. A. (2014a): „„Rambo, Circuncisión, Escroto' son ahora nombres prohibidos en Sonora". In: *Expansion.mx*, 10.02.2014, http://expansion.mx/nacional/ 2014/02/10/rambo-circuncision-escroto-son-ahora-nombres-prohibi- dos-en-sonora (10.06.2016).

o. A. (2014b): „Lista de nombres prohibidos en Sonora". In: *ElUniversal.mx*, 12.02.2014, http://www.eluniversal.com.mx/estados/2014/lista-peyorativos- nombres-987016.html (10.06.2016).

o. A. (2014c): „Dime cómo te llamas y te diré qué tan popular es tu nombre". In: *SDPnoticias.com*, 07.02.2014, http://www.sdpnoticias.com/estilo-de-vida/ 2014/02/07/dime-como-te-llamas-y-te-dire-que-tan-popular-es- tu-nombre (25.04.2016).

o. A. (2015a): „Pasan a la historia nombres tradicionales, personajes de moda son los más elegidos". In: *CapitalCoahuila.mx*, 12.10.2015, http://www.capitalcoahui- la.com.mx/especial/pasan-a-la-historia-nombres-tradicionales-personajes- de-moda-son-los-mas-elegidos (25.04.2016).

o. A. (2015b): „Estado de México rompe con orden tradicional de apelli- dos". In: *Informador.com.mx*, 03.05.2015, http://www.informador.com.mx/ mexico/2015/589911/6/estado-de-mexico-rompe-con-orden-tradicio- nal-de-apellidos.htm (20.05.2016).

o. A. (2015c): „Cuáles son los 200 apellidos más populares en la Argentina". In: *Clarín.com*, 12.11.2015, http://www.clarin.com/sociedad/forebears-apellidos- populares-argentina-nombres-gonzalez_0_1466253632.html (20.05.2016).

Procuraduría general de justicia del Estado (Hg.): *Ley del notariado para el Esta- do de Chiapas*, http://www.pgje.chiapas.gob.mx/informacion/marcojuridico/ Leyes/Estatales/Update/LEY%20DEL%20NOTARIADO%20PARA%20 EL%20ESTADO%20DE%20CHIAPAS.pdf (20.05.2016).

Ramírez, Kenya (2014): „Avalan que apellido materno pueda ir primero". In: *Excelsior.com.mx*, 11.06.2014, http://www.excelsior.com.mx/comunidad/2014/ 06/11/964478 (20.05.2016).

Registraduría Nacional del Estado Civil (Hg.) (2010): „Curiosidades de los nombres colombianos". In: *Nuestra Huella* 46, http://www.registraduria.gov.co/rev_electro/rev_elec_dic2010/revista_dic2010.html (20.05.2016).

RegistroCivil.cl (Hg.): *Nombres más comunes*, https://www.registrocivil.cl/Servicios/Estadisticas/Archivos/NombresComunes/Nombres_Annos.htm (28.04.2016).

Reyes, Juan Pablo / Mejía, Ximena (2015): „Conceden a padres registrar a hijas con apellido materno primero". In: *Excelsior.com.mx*, 05.03.2015, http://www.excelsior.com.mx/comunidad/2015/03/05/1011567 (20.05.2016).

Secretaría de Derechos Humanos de la Provincia de Buenos Aires (Hg.): *Ley No 18248. Nombre de las personas*, Buenos Aires, http://www.sdh.gba.gov.ar/comunicacion/normativanacyprov/pueblosoriginarios/nacional/nac_ley18248.pdf (28.04.2016).

Secretaría de Gobernación (Hg.): *Ley del notariado del Estado de México*, http://www.testamentos.gob.mx/Documentos/leyesnot/15leynot.pdf (20.05.2016).

Sistema Argentino de Información Jurídica (Hg.) (2014): *Código civil y comercial de la nación*, Buenos Aires, http://www.saij.gob.ar/docs-f/codigo/Codigo_Civil_y_Comercial_de_la_Nacion.pdf (20.05.2016).

Sekundärliteratur

Abascal Palazón, José Manuel (1994): *Los nombres personales en las inscripciones latinas de Hispania*, Murcia: Universidad de Murcia.

Aguilar Salas, Mª Lourdes (1988): „Antroponimia náhuatl en los antiguos mexicanos. Génesis y pervivencia". In: *Parole* 1, 95–106.

Alba, Orlando (2013): *Nombres propios de persona en la República Dominicana*, Santo Domingo: Ediciones Librería La Trinitaria, http://scholarsarchive.byu.edu/books/6 (10.06.2016).

Albertos Firmat, María Lourdes (1966): *La onomástica personal primitiva de Hispania Tarraconense y Bética*, Salamanca: C.S.I.C. / Instituto "Antonio de Nebrija".

Alcalá Alba, Antonio (1986): „Los nombres de persona iniciados por A en la ciudad de México". In: *Actas del II Congreso Internacional sobre el Español de América*, México: UNAM, 505–509.

Aldrin, Emilia (2014): „Choosing a Name = Choosing Identity? Towards a Theoretical Framework". In: Tort i Donada, Joan / Montagut i Montagut, Montserrat (Hgg.): *Els noms en la vida quotidiana. Actes del XXIV Congrés Internacional d'ICOS sobre Ciències Onomàstiques*, Barcelona: Generalitat de

Catalunya, 392–401, http://www.gencat.cat/llengua/BTPL/ICOS2011/044.pdf (10.05.2016).

Álvarez Delgado, Juan (1956): „Antropónimos de Canarias". In: *Anuario de Estudios Atlánticos* 2, 311–456.

Álvarez Nazario, Manuel (1967): „La huella de la antroponimia canaria en Puerto Rico". In: *Atenea* (Nueva serie) 4, 25–33.

Androutsopoulos, Jannis (2006): "Introduction: Sociolinguistics and computer-mediated communication". In: *Journal of Sociolinguistics* 10.4, 419–438, https://jannisandroutsopoulos.files.wordpress.com/2009/12/jslx_10-4_intro.pdf (20.06.2016).

Arce Gargollo, Javier (1991): „Estudio de dereco notarial sobre las generales en el instrumento público". In: *Revista de Derecho Notarial Mexicano* 102, 30–44, http://www.juridicas.unam.mx/publica/librev/rev/dernotmx/cont/102/est/est3.pdf (20.05.2016).

Baer, Yitzhak (1961): *A History of the Jews in Christian Spain*, 2 Bde., Philadelphia / Jerusalem: The Jewish Publication Society.

Baez Pinal, Gloria Estela / Herrera Lima, María Eugenia / Mendoza, José Francisco (1993): „Antropónimos en el español de la ciudad de México. Tradición y novedad". In: *Anuario de Letras: Lingüística y filología* 31, 431–496, https://revistas-filologicas.unam.mx/anuario-letras/index.php/al/article/view/803 (31.10.2017).

Baez Pinal, Gloria Estela / Herrera Lima, María Eugenia / Mendoza, José Francisco (1994): „Antropónimos compuestos en tres ciudades de la República Mexicana". In: *Estudios de Lingüística Aplicada* 19/20, 431–454, http://ela.enallt.unam.mx/index.php/ela/article/view/268 (31.10.2017).

Bajo Pérez, Elena (2002): *La caracterización morfosintáctica del nombre propio*, La Coruña: Toxosoutos.

Bajo Pérez, Elena (2008): *El nombre propio en español*, Madrid: Arco Libros.

Becker, Lidia (2008): „Frühmittelalterliche Personennamen als Zeugen für die Herausbildung der iberoromanischen Sprachen". In: Dahmen, Wolfgang / Holtus, Günter / Kramer, Johannes / Metzeltin, Michael / Schweickard, Wolfgang / Winkelmann, Otto (Hgg.): *Zur Bedeutung der Namenkunde für die Romanistik. Romanistisches Kolloquium XXII (Trier, 23.–24. Juni 2006)*, Tübingen: Narr, 255–275.

Becker, Lidia (2009a): *Hispano-romanisches Namenbuch. Untersuchung der Personennamen vorrömischer, griechischer und lateinisch-romanischer Etymologie auf der Iberischen Halbinsel im Mittelalter (6.–12. Jh.)*, Tübingen: Niemeyer.

Becker, Lidia (2009b): „Names of Jews in Medieval Navarre (13th–14th centuries)“. In: Ahrens, Wolfgang / Embleton, Sheila / Lapierre, André (Hgg.): *Names in a Multi-Lingual, Multi-Cultural and Multi-Ethnic World. Proceedings of the 23d International Congress of Onomastic Sciences (August 17–22, 2008, York University, Toronto)*, Toronto: York University, 140–157, http://yorkspace.library. yorku.ca/xmlui/handle/10315/3618 (31.10.2017).

Becker, Lidia (im Druck): „El concepto de ‚español atlántico‘“. In: Eckkrammer, Eva (Hg.): *Manual del español en América*, Berlin / New York: de Gruyter.

Bielefeld, Knud (2014): *Langzeitstudie: Das Image von Namen*, http://blog. beliebte-vornamen.de/2014/08/das-image-von-namen (15.06.2016).

Boullón Agrelo, Ana Isabel (1997): „A influencia franca na onomástica medieval galega“. In: Kremer, Dieter (Hg.): *Homenaxe a Ramón Lorenzo*, Bd. 2, Vigo: Galaxia, 867–901.

Bourin, Monique (2002): „How Changes in Naming Reflect the Evolution of Familial Structures in Southern Europe (950–1250)“. In: Beech, George T. / Bourin, Monique / Chareille, Pascal (Hgg.): *Personal Names Studies of Medieval Europe. Social Identity and Familial Structures*, Western Michigan University, 3–13.

Boyd-Bowman, Peter (1955): „Cómo obra la fonética infantil en la formación de los hipocorísticos“. In: *Nueva Revista de Filología Hispánica* 9.4, 337–366.

Boyd-Bowman, Peter (1970): „Los nombres de pila en México desde 1540 hasta 1950“. In: *Nueva Revista de Filología Hispánica* 19.1, 12–48.

Brendler, Andrea / Kouznetsova, Lidia (2007): „Das spanische Personennamensystem“. In: Brendler, Andrea / Brendler, Silvio (Hgg.): *Europäische Personennamensysteme. Ein Handbuch von Abasisch bis Zentralladinisch*, Hamburg: Baar Verlag, 725–737.

Buesa Oliver, Tomás (1989): „Antropónimos afectivos con palatal en Aragón“. In: *Homenaje a Alonso Zamora Vicente*, Bd. 2, Madrid: Castalia, 39–52.

Buesa Oliver, Tomás (2002): „Algunos apodos jaqueses“. In: Saralegui Platero, Carmen / Casado Velarde, Manuel (Hgg.): *Pulchre, bene, recte: homenaje al prof. Fernando González Ollé*, Universidad de Navarra, 191–197.

Buesa Oliver, Tomás / Lagüéns Gracia, Vicente (1995): „Apellidos con artículo en Aragón, referidos a edificios y otras construcciones“. In: *Thesaurus: Boletín del instituto Caro y Cuervo* 50.1–3, 239–292.

Buesa Oliver, Tomás / Lagüéns Gracia, Vicente (1996): „Algunos apellidos con artículo en Aragón“. In: Alonso González, Alegría (Hg.): *Actas del III Congreso Internacional de Historia de la Lengua Española, Salamanca, 22–27 de noviembre de 1993*, Bd. 2, Madrid: Arco Libros, 981–1006.

Buesa Oliver, Tomás / Lagüéns Gracia, Vicente (1998): „Trabajos del Centro Pat-Rom de Zaragoza (I). Los estudios de antroponimia aragonesa". In: *Archivo de Filología Aragonesa* 52–53, 9–63.

Bustos Argañarás, Prudencio (2014): *Antroponimia hispanoamericana*, http://ramhg.es/index.php/informes-y-bibliografia/genealogia/articulos/422-antroponimia-hispanoamericana-por-prudencio-bustos-arganaras (10.05.2016).

Cacia, Daniela (2012): „Piemontesi in Argentina: indagine onomastica sul Primer censo general de la provincia de Santa Fé (1887)". In: Rossebastiano, Alda (Hg.): *Identità e voci dell'emigrazione italiana nell'America Latina*, Roma: Società Editrice Romana, 21–74.

Camacho Barreiro, Aurora M. (2003): „Los nombres de persona en Cuba: entre la tradición y la novedad". In: *Lexi Lexe, Revista del Instituto Boliviano de Lexicografía* 4.4, 50–57.

Cano González, Ana María / Germain, Jean / Kremer, Dieter (2004): *Dictionnaire historique de l'anthroponymie romane*, Bd. II.1: *L'homme et les parties du corps humain*, Tübingen: Niemeyer.

Cano González, Ana María / Germain, Jean / Kremer, Dieter (2015): *Dictionnaire historique de l'anthroponymie romane*, Bd. III.1: *Les animaux. Les mammifères*, Berlin u. a.: de Gruyter.

Collins, Roger (1983): *Early Medieval Spain. Unity in Diversity (400–1000)*, London / Basingstoke: Macmillan Press.

Correa Rodríguez, José Antonio (2004): „La Hispania prerromana". In: Cano, Rafael (Hg.): *Historia de la lengua española*, Barcelona: Ariel, 35–80.

Cuba Manrique, María del Carmen (2002): „Antroponimia e identidad de los negros esclavos en el Perú". In: *Escritura y Pensamiento* 5.11, 123–134, http://sisbib.unmsm.edu.pe/bibvirtual/publicaciones/escri_pensam/2002_n10/antroponiamia_identidad_negros.htm (10.05.2016).

Díaz de Martínez, Lucinda (2003): „Onomástica mariana en las actas de bautismo de Humahuaca (Jujuy-Argentina) del siglo XVIII". In: *Lexicografía y Lexicogía en Europa y América: Homenaje a Günter Haensch*, Madrid: Gredos, 239–248.

Diez Melcón, R. P. Gonzalo (1957): *Apellidos castellano-leoneses (siglos IX-XIII, ambos inclusive)*, Granada: Universidad de Granada.

Döring, Nicola (2010): „Sozialkontakte online: Identitäten, Beziehungen, Gemeinschaften". In: Schweiger, Wolfgang / Beck, Klaus (Hgg.): *Handbuch Online-Kommunikation*, Wiesbaden: VS / Springer, 159–183.

Echenique Elizondo, María Teresa (1984): *Historia lingüística vasco-románica. Intento de aproximación*, Donostia: Caja de ahorros provincial de Guipuzcoa.

Faure, Roberto (2002): *Diccionario de nombres propios*, Madrid: Espasa.

Faure, Roberto / Ribes, María Asunción / García, Antonio (2001): *Diccionario de apellidos españoles. Cerca de 8.000 apellidos distintos de toda España*, Madrid: Espasa.

Fayer, Joan M. (1988): „First names in Puerto Rico: A change in progress". In: *Names: A Journal of Onomastics* 36.1–2, 21–27.

Fernández Juncal, Carmen (2000): „Modos de formación de la epiclesis". In: Borrego Nieto, Julio u. a. (Hgg.): *Cuestiones de actualidad en lengua española*, Salamanca: Universidad de Salamanca / Instituto Caro y Cuervo, 229–234.

Fernández Juncal, Carmen (2001): „Algunos datos socioonomásticos de una comunidad de la región funcional de Salamanca". In: Bartol Hernández, José Antonio (Hg.): *Nuevas aportaciones al estudio de la lengua española. Investigaciones filológicas*, Salamanca: Luso-Española de Ediciones, 257–264.

Fernández Juncal, Carmen (2008): „Patrones sociolingüísticos de la onomástica". In: *Revista española de lingüística* 38.2, 5–20.

Fernández Leborans, María J. (1999): „El nombre propio". In: Bosque, Ignacio / Demonte, Violeta (Hgg.): *Gramática descriptiva de la lengua española*, Bd. 1: *Sintaxis básica de las clases de palabras*, Madrid: Espasa, 77–128.

Fernández Pérez, Enrique Antonio (2015): *El nombre y los apellidos. Su regulación en derecho español y comparado*, Sevilla, https://idus.us.es/xmlui/handle/11441/32106 (15.06.2016).

Fraas, Claudia / Pentzold, Christian (2008): „Online-Diskurse – Theoretische Prämissen, methodische Anforderungen und analytische Befunde". In: Warnke, Ingo H. / Spitzmüller, Jürgen (Hgg.) (2008): *Methoden der Diskurslinguistik. Sprachwissenschaftliche Zugänge zur transtextuellen Ebene*, Berlin / New York: de Gruyter, 287–322, https://www.tu-chemnitz.de/phil/imf/mk/docs/fraas/Fraas_Pentzold_Druckfassung.pdf (20.06.2016).

García Gallarín, Consuelo (1998): *Los nombres de pila españoles*, Madrid: Ediciones del Prado.

García Gallarín, Consuelo (2007a): „La evolución de la antroponimia hispanoamericana". In: García Gallarín, Consuelo (Hg.) (2007c): *Los nombres del Madrid multicultural*, Madrid, Parthenon, 209–235.

García Gallarín, Consuelo (2007b): „Tradición e innovación antroponímicas (Madrid, 1996–2006)". In: García Gallarín, Consuelo (Hg.) (2007c): *Los nombres del Madrid multicultural*, Madrid, Parthenon, 99–134.

García Gallarín, Consuelo (Hg.) (2007c): *Los nombres del Madrid multicultural*, Madrid, Parthenon.

García Gallarín, Consuelo (2009): „Variación y cambio antroponímicos: los nombres de persona en el período clásico". In: García Gallarín, Consuelo / Cid Abasolo, Karlos (Hgg.): *Los nombres de persona en la sociedad y en la literatura de tres culturas*, Madrid: Sílex, 71–110.

García Gallarín, Consuelo (2010): „Rutas de la antroponimia hispánica". In: Maíz, Carmen (Hg.): *Nombre propio e identidad cultural*, Madrid: Sílex, 57–99.

García Gallarín, Consuelo (2014): *Diccionario histórico de nombres de América y España. Estudio preliminar*, Madrid: Sílex.

García Gallarín, Consuelo / Galende Díaz, Juan Carlos / Fernández Hidalgo, Ana / Rodríguez Lombadero, Marta / Bravo Llatas, Carmen (1997): *Antroponimia madrileña del siglo XVII. Historia y documentación*, Madrid: Universidad Complutense.

García González, Javier / Coronado González, María Luisa (1991): „La traducción de los antropónimos". In: *Revista española de lingüística aplicada* 7, 49–72.

Grünwald, Giesela (1994): *Gesellschaftliche Veränderungen im Spiegel der Namengebung: Eine empirische Untersuchung anhand spanischer Vornamen in der Stadt Jávea*, Stuttgart: Steiner.

Hafner, Ute (2004): *Namengebung und Namenverhalten im Spanien der 70er Jahre*, Tübingen: Niemeyer.

Hatolong Boho, Z. (2015). „Los nombres propios hispánicos en Camerún: entre aventura y globalización semiolingüística". In: *Cuadernos de Lingüística Hispánica* 26, 89–102.

Homge, Ruth (1988): *Zur modernen spanischen Vornamengebung: Die Vornamen in Salamanca von 1900 bis 1986*, Siegen.

Horcasitas, Fernando (1973): „Cambio y evolución de la antroponimia náhuatl". In: *Anales de Antropología* 10, 265–283, http://www.revistas.unam.mx/index. php/antropologia/article/view/23289/pdf_723 (31.10.2017).

Janowitz, Klaus M. (o. J.): *Netnographie*, http://www.klaus-janowitz.de/pdf/ Netnographie.pdf (15.06.2016).

Jiménez Segura, Selene (2005): *Análisis lingüístico de la atribución de los nombres de pila masculinos y femeninos en el municipio de Tlalnepantla de Baz, Estado de México*, Universidad Nacional Autónoma de México, México, 2005.

Jiménez Segura, Selene (2014): „Los procesos de cambio de los modelos de atribución antroponímica tradicional y a partir de la moda en el municipio de Tlalnepantla de Baz, Estado de México. Tres calas: 1930, 1960 y 1990". In: *Trama* 10.20, 127–148.

Kaganoff, Benzion C. (1977): *A Dictionary of Jewish Names and their History*, New York: Schocken Books.

Kajanto, Iiro (1965): *The Latin Cognomina*, Helsinki.

Kajanto, Iiro (1990): „Onomastica romana alle soglie del medioevo". In: Kremer, Dieter (Hg.): *Dictionnaire historique des noms de famille romans. Actes du Ier Colloque (Trèves, 10–13 décembre 1987)*, Tübingen: Niemeyer, 59–67.

Kremer, Dieter (1969–1972): *Die germanischen Personennamen in Katalonien. Namensammlung und Etymologisches*, Barcelona: Institut d'Estudis Catalans.

Kremer, Dieter (1970–1982): „Bemerkungen zu den mittelalterlichen hispanischen *cognomina* (I)". In: *Aufsätze zur portugiesischen Kulturgeschichte* 10 (1970), 123–83; II, ib. 11 (1971), 139–87; III, ib. 12 (1972–1973), 101–88; IV, ib. 13 (1974–1975), 157–221; V, ib. 14 (1976–1977), 191–298; VI, ib. 16 (1980), 117–205; VII, ib. 17 (1981–1982), 47–146.

Kremer, Dieter (1980): „Tradition und Namengebung. Statistische Anmerkungen zur mittelalterlichen Namengebung". In: *Verba* 7, 75–155.

Kremer, Dieter (1992): „Spanisch: Anthroponomastik". In: Holtus, Günter / Metzeltin, Michael / Schmitt, Christian (Hgg.): *Lexikon der Romanistischen Linguistik*, Bd. 6.1: *Aragonesisch / Navarresisch, Spanisch, Asturianisch / Leonesisch*, Tübingen: Niemeyer, 457–474.

Kremer, Dieter (2002): „*PatRom*: Genese, Ziele und Methoden eines umfassenden romanischen Personennamenbuchs". In: Geuenich, Dieter / Haubrichs, Wolfgang / Jarnut, Jörg (Hgg.) (2002): *Person und Name. Methodische Probleme bei der Erstellung eines Personennamenbuches des Frühmittelalters*, Berlin / New York: De Gruyter, 30–59.

Kremer, Dieter (2004): „Sobre los apellidos españoles". In: *Rivista Italiana di Onomastica* 10.1, 9–32.

Labarta, Ana (1987): *La onomástica de los moriscos valencianos*, Madrid: C.S.I.C.

López Franco, Yolanda G. (1990): *La selección de los antropónimos en el nivel universitario. Estudio de un caso: la ENEP-Acatlán*, Facultad de Estudios Superiores Acatlán, Universidad Nacional Autónoma de México, México.

López Franco, Yolanda Guillermina (2010): *Un siglo de nombres de pila en Tlalnepantla de Baz. Estudio lexicológico y sociolingüístico*, México, D. F.: Plaza y Valdés / UNAM.

Lozano Velilla, Arminda (1998): *Die griechischen Personennamen auf der iberischen Halbinsel*, Heidelberg: Winter.

Luces Gil, Francisco (1978): *El nombre civil de las personas naturales en el ordenamiento jurídico español*, Barcelona: Bosch.

Mateos, Pablo (2010): „El análisis geodemográfico de apellidos en México". In: *Papeles de Poblacion* 65.16, 73–103.

Medinaceli, Ximena (2003): *¿Nombres o apellidos? El sistema nominativo aymara. Sacaca, Siglo XVII*, Lima: Institut français d'études andines, http://books.openedition.org/ifea/4434 (10.05.2016).

Mora Monroy, Siervo Custodio (1976): „Breve estudio sobre apellidos y nombres propios de persona en Colombia". In: *Thesaurus* 31.3, 536–560.

Mora Peralta, Idanely (2008): *Topónimos y antropónimos mayas en documentos coloniales del siglo XVII*, Universidad Nacional Autónoma de México, México,.

Morera Perez, Marcial (1991): „Diminutivos, apodos, hipocorísticos, nombres de parentesco y nombres de edad en el sistema de tratamientos populares de Fuerteventura". In: *Tebeto. Anuario del Archivo Histórico de Fuerteventura* 4, 197–218.

Mori, Olga (1985): „Observaciones sobre el uso del apodo en la Argentina". In: *Linguistique descriptive, Phonétique, morphologie et lexique. Actes du XVIIe Congrès International de Linguistique et Philologie Romanes*, Bd. 3, Aix-en-Provence, 401–410.

Nübling, Damaris / Fahlbusch, Fabian / Heuser, Rita (2012): *Namen. Eine Einführung in die Onomastik*, Tübingen: Narr.

Piel, Joseph M. / Kremer, Dieter (1976): *Hispano-gotisches Namenbuch. Der Niederschlag des Westgotischen in den alten und heutigen Personen- und Ortsnamen der Iberischen Halbinsel*, Heidelberg: Winter.

Quilis, Antonio / Casado Fresnillo, Celia (2008): *La lengua española en Filipinas. Historia, situación actual, el chabacano, antología de textos*, Madrid: C. S. I. C.

Rincón González, María José (2002): „La antroponimia femenina dominicana (1945–1995)". In: *Actas del V Congreso Internacional de Historia de la Lengua Española, Valencia, 31 de enero - 4 de febrero de 2000*, Madrid: Gredos, 1589–1602.

Rossebastiano, Alda (Hg.) (2009): *Il vecchio Piemonte nel Nuovo Mondo: parole e immagini dall'Argentina*, Alessandria: Edizioni dell'Orso.

Rossebastiano, Alda (Hg.) (2012): *Identità e voci dell'emigrazione italiana nell'-America Latina*, Roma: Società Editrice Romana.

Rossebastiano, Alda / Tonda, Alfredo J. (2012): „L'onomastica degli emigrati, tra conservazione e innovazione". In: Rossebastiano, Alda (Hg.): *Identità e voci dell'emigrazione italiana nell'America Latina*, Roma: Società Editrice Romana, 1–19.

Rother, Bernd (2001): „Die Iberische Halbinsel". In: Kotowski, Elke-Vera / Schoeps, Julius H. / Wallenborn, Hiltrud (Hgg.): *Handbuch zur Geschichte der Juden in Europa*, Bd. 1: *Länder und Regionen*, Darmstadt: Primus Verlag, 325–49.

Sinner, Carsten (2013): „Weltsprache". In: Herling, Sandra / Patzelt, Carolin (Hgg.): *Weltsprache Spanisch. Variation, Soziolinguistik und geographische Verbreitung des Spanischen. Handbuch für das Studium der Hispanistik*, Stuttgart: Ibidem, 3–26.

Spitzmüller, Jürgen / Warnke, Ingo H. (2011): *Diskurslinguistik. Eine Einführung in Theorien und Methoden der transtextuellen Sprachanalyse*, Berlin / Boston: de Gruyter.

Tibón, Gutierre (1961): *Onomástica hispanoamericana. Índice de siete mil nombres y apellidos castellanos, vascos, árabes, judios, italianos, indoamericanos, etc. y un índice toponomástico*, México: Unión Tipográfica Editorial Hispano Americana.

Tibón, Gutierre (1986): *Diccionario etimológico comparado de nombres propios de persona*, 2. Auflage, México: Fondo de Cultura Económica.

Trask, Robert L. (1997): *The History of Basque*, London / New York: Rouledge.

Tuñon de Lara, Manuel / Tarradell, Miquel / Mangas, Julio (³1985): *Historia de España*, Bd. 1: *Introducción. Primeras culturas e hispania romana*, Barcelona: Labor.

Ullrich, Elmar (1967): *Die marianische Advokation und ihre Funktion als Personenname im Neuspanischen*, Würzburg.

Untermann, Jürgen (1965): *Elementos de un atlas antroponímico de la Hispania antigua*, Madrid.

Untermann, Jürgen (Hrg.) (1990): *Monumenta linguarum Hispanicarum*, Bd. 3: *Die iberischen Inschriften aus Spanien. 1. Literaturverzeichnis, Einleitung, Indices*, Wiesbaden: Reichert.

Untermann, Jürgen (Hrg.) (1997): *Monumenta linguarum Hispanicarum*, Bd. 4: *Die tartessischen, keltiberischen und lusitanischen Inschriften*, Wiesbaden: Reichert.

Urawa, Mikío (1985): „Muestra de hipocorísticos en el español bogotano". In: *Thesaurus* 40.1, 51–102.

Vallejo Ruiz, José María (2005): *Antroponimia indígena de la Lusitania romana*, Vitoria: Universidad del Pais Vasco.

Viejo Fernández, Julio (1998): *La onomástica asturiana bajomedieval. Nombres de persona y procedimientos denominativos en Asturias de los siglos XIII al XV*, Tübingen: Niemeyer.

Vones, Ludwig (1993): *Geschichte der Iberischen Halbinsel im Mittelalter (711–1480). Reiche – Kronen – Regionen*, Sigmaringen: Thorbecke.

Wodtko, Dagmar S. (2000): *Wörterbuch der keltiberischen Inschriften*, Wiesbaden: Reichert.

Zabalza Seguín, Ana (2008a): „Nombres viejos y nombres nuevos. Sobre la onomástica moderna". In: *Memoria y civilización: anuario de historia* 11, 105–134.

Zabalza Seguín, Ana (2008b): „Atando cabos. La formación del apellido en la Navarra Moderna". In: *Oihenart: cuadernos de lengua y literatura* 23, 597–612.

Zamborain, Romina Silvia (o. J. a): *El derecho al nombre indígena en la legislación argentina*, Universidad de Buenos Aires, http://www.linguasur.com.ar/panel/archivos/92b6f44c23218cfa4615840d293b59f4PONENCIA2006.pdf (15.05.2016).

Zamborain, Romina Silvia (o. J. b): *En torno a la ley del nombre y los fallos de la Corte Suprema de Justicia de la Nación: 1945–1995*, http://www.linguasur.com.ar/publicaciones.php (15.05.2016).

Zamborain, Romina Silvia (o. J. c): *El nombre de pila como signo ideológico. Un estudio de la legislación argentina sobre los nombres*, http://www.linguasur.com.ar/publicaciones.php (15.05.2016).

Zeuske, Michael (2011): "The Names of Slavery and Beyond: the Atlantic, the Americas and Cuba". In: Schmieder, Ulrike / Füllberg-Stolberg, Katja / Zeuske, Michael (Hgg.): *The End of Slavery in Africa and the Americas. A Comparative Approach*, Berlin: LIT, 51–80.